Barbara
Freyberger

NATUR SEIFE selber machen

Reine Pflege aus ätherischen Ölen und Kräutern

CHRISTIAN

Inhalt

Vorwort

Nach 17 Jahren Seifensieden sitze ich nun hier und schreibe ein Buch. Viele meiner Kunden oder Kursteilnehmer fragen mich immer wieder, wie ich denn zur Seife gekommen bin. Wie so viele habe ich, nachdem ich meine zwei Töchter zur Welt gebracht hatte, einiges hinterfragt, über das ich vorher kaum nachgedacht hatte. Es war frustrierend zu erkennen, welche Vielzahl an bedenklichen Inhaltsstoffen sich in alltäglichen Lebensmitteln und industriell gefertigter Kosmetika versteckte. Mit dieser Erkenntnis habe ich begonnen, meine Ernährung umzustellen und Kosmetik selbst herzustellen. Das Einzige, was im Badezimmer noch fehlte, war eine Seife, die synthetische Reinigungsmittel wie Flüssigseife und Duschgels ersetzen sollte.

So begab ich mich auf die Suche nach Büchern zur Herstellung von Seife, wurde aber kaum fündig. Auch im Internet gab es damals nur wenig Wissen und Informationen über die Seifenherstellung. Kein YouTube, keine Foren. Hier stand nun der Lehrling, und kein Meister war in Sicht – Experimentierfreude war gefragt. Viele Seifenstücke landeten im Müll und es dauerte eine Weile, bis ich mein erstes brauchbares Stück in Händen halten konnte. Der Seifenvirus hatte mich gepackt und er hat mich bis heute nicht losgelassen.

Ich gab meinen Job auf und gründete meine Werkstatt »Seifensieder«, die mir nach all den Jahren noch immer Freude bereitet.

Wer selbst Seifen siedet, kann bedenkliche Inhaltsstoffe und Konservierungsstoffe vermeiden und reduziert Verpackungsmüll. Seife ist eine waschaktive Substanz (Tensid), die zu 100 % biologisch abbaubar ist.

Nachhaltigkeit und Natürlichkeit liegen mir sehr am Herzen und es war naheliegend, meinen Betrieb biozertifizieren zu lassen. Sie werden in diesem Buch keine Rezepturen mit synthetischen Farb-, Duft- oder Konservierungsstoffen finden. Gefärbt wird mit Tonerden und Gewürzen, die den Seifenstücken wunderschöne natürliche Farbtöne verleihen. Beduftet werden sie mit geballter Pflanzenkraft in Form von 100 % reinen ätherischen Ölen.

Nach meinen Ausbildungen zum Heilkräutercoach und zur diplomierten Kräuterpädagogin konnte ich mir Wissen rund um Heilkräuter aneignen. Es entstand die Idee, Kräuter- und Wildkräuterseifen im Jahreskreis zu kreieren, vergessenes und altbewährtes Wissen in meine Rezepturen einfließen zu lassen. Der Natürlichkeit noch einen Schritt näher zu kommen.

Dieses Buch soll Sie begleiten und darin unterstützen, eine individuelle Hautpflege für sich und Ihre Lieben herzustellen und das alte Handwerk des Seifensiedens zu erlernen. Viel Vergnügen!

Barbara Freyberger

Bevor es losgeht

Die Kunst einer guten Seife besteht in der Qualität ihrer Zutaten und deren Verhältnis zueinander. Aus hochwertigen Ölen, Fetten, Wasser und Ätznatron entstehen natürliche und pflegende Seifenkreationen.

Die Grundlagen der Kaltverseifung

Zur Herstellung von Seife werden pflanzliche oder tierische Öle und Fette als Ausgangsstoff verwendet. Sie bilden die Basis, den sogenannten »Fettansatz«. Diese natürlichen Rohstoffe haben unterschiedliche Eigenschaften und können die Seife bezüglich ihrer Ergiebigkeit, Härte und Schaumbildung beeinflussen. Die Kunst, eine gute Seife herzustellen, besteht daher im richtigen Verhältnis der Rohstoffkomposition.

Jedes Öl und jedes Fett benötigt eine bestimmte Menge an Ätznatron, in Wasser gelöst (Lauge), um zur Seife zu werden. Dies hört sich komplizierter an, als es ist, denn es gibt hierfür Seifentabellen, die die richtige Zugabemenge an Ätznatron für jedes Öl und Fett auflisten. Im Internet lassen sich diese Tabellen schnell finden. Es gibt sogar Seifenrechner, die nach Angabe des Gewichts eines bestimmten Basisöls oder -fetts die exakte Menge Ätznatron für die gewünschte Seife kalkulieren.

Dieses Ausrechnen ist sehr wichtig und sollte aufs Gramm genau erfolgen. Verrechnet man sich und nimmt zu wenig Ätznatron, erhält man eine schwache Lauge. Dann verseifen nicht alle Öle zu 100 % und die Seife wird schmierig. Verrechnet man sich und nimmt zu viel Ätznatron, kann die Haut verätzen. Beim Erstellen einer eigenen Rezeptur ist daher genaues Rechnen sehr wichtig.

Die gängigste Art der Seifenherstellung ist das Kaltverfahren, bei dem der Prozess der Verseifung unter relativ niedriger Temperatur stattfindet. Der Begriff »Seifensieden« ist hier streng genommen nicht

Natürliche Öle, Fette und Bienenwachs bilden die Basis handgesiedeter Seife.

Blüten und Kräuter steigern die pflegende Wirkung von Seife, Leinsaat wirkt peelend.

korrekt, denn die Seifenmasse wird nicht wie früher stundenlang gekocht. Als Hilfswerkzeug dient ein Stabmixer, der den chemischen Prozess beschleunigt.

Was ist ein Seifenmolekül?

Öle und Fette bestehen aus organischen Fettsäuren und Glycerin. Drei Fettsäuremoleküle sind mit einem Glycerinmolekül verbunden. Beim chemischen Prozess der Verseifung verbinden sich die drei Fettsäuremoleküle mit je einem Laugenmolekül und bilden aus Säure und Base ein Seifenmolekül. Das Glycerin bleibt bei diesem Vorgang übrig und somit hat eine handgesiedete Seife besonders pflegende Eigenschaften.

Vom Seifenleim zur Gelphase

Bei der Kaltverseifung werden pflanzliche oder tierische Fette und Öle bei einer Temperatur von 36–54 °C mit Natronlauge (Ätznatron gelöst im Wasser) vermischt und zu einer chemischen Reaktion gebracht. Abgesehen vom kurzen Erwärmen zum Schmelzen der Öle und Fette, wird keinerlei Wärme zugeführt. Die zunächst heißen, transparent scheinenden Öle und Fette trüben durch die Beigabe der Natronlauge unter ständigem Rühren ein und verändern ihre Konsistenz. Sie ähnelt dann einer sämigen Suppe oder einem Pudding, und wir können beim Hochziehen des Rührwerks verbleibende Spuren auf der Oberfläche des Seifenleims erkennen (Spurbildung). Dies ist das Zeichen, dass unser Seifenleim fertig ist.

Natürliche Seife ermöglicht eine besonders milde und schonende Reinigung der Haut.

Rasch werden nun die bereitgestellten Farb- und Duftstoffe eingerührt. Die Seifenmasse wird in vorbereitete Formen eingegossen, die dann mit einer Plastikhaushaltsfolie isoliert und mit Handtüchern zugedeckt wird. Durch die chemische Reaktion der Öle und Fette mit der Natronlauge entstehen Temperaturen von 60–70 °C. Die Seife durchläuft nun die sogenannte »Gelphase«. Je nach Auswahl der Ausgangstemperatur und der Zusätze kann die Temperatur höher oder niedriger ausfallen. Die frische Seife ruht 1–5 Tage. Dabei hängt es von der Wahl ihrer Öle und Fette ab, wie lange es dauert, bis sie fest ist und aus der Form genommen werden kann.

Die Reifung

Die »junge« Seife hat einen sehr hohen pH-Wert und enthält viel Natronlauge. Für die Haut wäre der ph-Wert einer frischen Seife noch viel zu hoch. Die menschliche Haut hat einen pH-Wert von 5,5. Handgesiedete Seifen nach der Reife im Durchschnitt einen pH-Wert von 8. Zulässig ist für Seifen ein Wert von 8–10. Er kann mit einem Indikatorpapier aus der Apotheke gemessen werden. Der endgültige Reifungsprozess der Seife dauert 4–6 Wochen und findet bei Zimmertemperatur statt. Die größte Herausforderung nach dem Sieden ist diese Wartezeit, bis das neue Seifenstück endlich ausprobiert und an die Haut gelassen werden kann.

Vorteile des Kaltverfahrens

Der Vorteil des Kaltverfahrens besteht darin, dass durch die niedrige Temperatur die pflegenden Eigenschaften unserer Öle und Fette erhalten bleiben. Seifen, die im Kaltverfahren hergestellt werden, sind hochwertig und hautpflegend, daher ist diese Methode der Herstellung zu Hause sehr beliebt. Wir werden uns in diesem Buch ausschließlich mit dem Kaltverfahren beschäftigen.

Die Grundlagen der Heißverseifung

Eine weitere Möglichkeit, Seifen zu sieden, ist das Heißverfahren. Bei diesem Verfahren wird durch das zusätzliche Zuführen von Wärme die Verseifung beschleunigt. Es wird zuerst wie im Kaltverfahren gearbeitet.

Die geschmolzenen Öle und Fette werden mit Natronlauge zur chemischen Reaktion gebracht. Sobald der Seifenleim eine sämige Konsistenz erreicht, wird er bei ca. 80–100 °C in den Backofen gestellt und gelegentlich umgerührt (Achtung, er kann sein Volumen vergrößern), Schaum und Blasen können sich bilden. Der Seifenleim bleibt so lange im Ofen, bis er glasig wird, um anschließend in die vorbereitete Form gefüllt zu werden. Die frische Seife muss zugedeckt einen Tag ruhen, bevor sie aus der Form gelöst werden kann.

Topf im Topf

Das sogenannte »Topf-im-Topf-Verfahren« ist eine weitere Herstellungsart, bei der der Seifenleim nach der Spurbildung nicht ins Backrohr, sondern in einen Topf mit heißem Wasser gestellt wird, den »Topf im Topf«. Der Seifenleim wird dann ungefähr 20 Minuten gerührt, bis er stark eingedickt ist. In diesem Prozess entstehen Blasen und Schaum und es werden Temperaturen an die 100 °C erreicht. Vorsicht ist geboten, damit der Seifenleim nicht anbrennt und kein Wasser vom unteren Topf hineingelangt.

Vor- und Nachteile des Heißverfahrens

Der Vorteil des Heißverfahrens besteht darin, dass die Seife im Anschluss relativ schnell verwendet werden kann (24–48 Stunden nach dem Eingießen, besser aber erst noch 14 Tagen). Der Nachteil ist, dass der Seifenleim durch das nicht mehr vorhandene Wasser in der Natronlauge sehr dick wird und in die Form gespachtelt werden muss. Dies macht kreatives Gestalten wie etwa Marmorieren unmöglich. Es können außerdem Lufteinschlüsse in der Seife entstehen.

Handgesiedete Seife lässt sich den individuellen Bedürfnissen anpassen.

Die Vorteile selbst gerührter Seife

Es gibt viele gute Gründe dafür, Seifen selbst zu sieden. Das Ergebnis kommt nicht nur der Umwelt zugute, sondern auch unserer Haut, immerhin dem größten unserer Organe. Freunde und Bekannte freuen sich über liebevoll gestaltete, handgefertigte Seifenstücke als Geschenke, und nicht zuletzt macht das Herstellen von einzigartigen Seifenkreationen auch viel Freude.

In meinen Seifenkursen frage ich immer wieder die Teilnehmer, welche Vorteile eine selbst gesiedete Seife hat. Die erste Antwort ist meistens »man weiß, was drin ist«. Korrekt. Wenn ich selbst Rohstoffe einkaufe, können sich kaum bedenkliche Inhaltsstoffe einschleusen.

Ein weiterer Vorteil besteht darin, dass ich ein Pflegeprodukt herstellen kann, das an meine persönlichen Hautbedürfnisse angepasst ist. Auf diese Weise bin ich von Handelskosmetik unabhängig und die Herstellungskosten sind gering.

Zusätzlich soll hier erwähnt werden, dass man beim Sieden seiner Kreativität freien Lauf lassen kann und es jedes Mal Freude macht, etwas Neues auszuprobieren. Die Spannung steigt beim ersten Anschnitt des neuen Seifenstücks und das hat definitiv sehr großen Suchtfaktor.

Kleiner Aufwand, großer Unterschied

Handgesiedete Seifen wirken rückfettend und feuchtigkeitsspendend und pflegen unsere Haut nachhaltig. Wer sich einmal damit gewaschen hat, spürt merkbar den Unterschied zu industriell gefertigten Seifen.

Die Basis: kostbare, naturbelassene Öle.

Bei der Seifenherstellung sind einige Sicherheitsmaßnahmen zu beachten, eine Kochschürze schützt beispielsweise vor Spritzern.

Es gibt eine große Auswahl an Basisölen und Fetten, die kostengünstig und leicht zu beschaffen sind. Diese werden im Kaltverfahren geschont und ihre pflegenden Eigenschaften daher kaum beeinflusst.

In Zeiten, in denen viele schon alles haben und wir oft nicht wissen, was wir unseren Lieben schenken sollen, ist eine selbst gemachte Seife ein wundervolles und persönliches Geschenk. Der Beschenkte wird die Mühe zu schätzen wissen und – wer weiß – vielleicht sogar selbst beginnen, Seifen zu sieden.

Nicht nur für die Haut eine Wohltat

An einen der wichtigsten Aspekte von allen denken viele zunächst gar nicht: Seife ist zu 100 % rasch und biologisch abbaubar. Es ist noch nicht lange her, da war Seife das einzige Reinigungsmittel in den Haushalten. Für Wäsche, Böden, Fenster und natürlich für die Reinigung unserer Haut wurde ausschließlich Seife verwendet.

Später ersetzten zunehmend synthetische Tenside wie Duschgels, Flüssigseifen, Shampoos, Weichspüler, Schaumbäder, Wasch- und Reinigungsmittel die natürlichen Seifen. Diese Ersatzmittel enthalten kaum natürliche Inhaltsstoffe, stattdessen synthetische Konservierungsmittel, Paraffine, Mikroplastik, synthetische Farb- und Duftstoffe und Weichmacher – verpackt in Plastikflaschen. Wie viele von diesen Reinigungsprodukten verwendet wohl eine durchschnittliche Familie pro Monat? Und wo landen die im Produkt enthaltenen und teilweise schwer abbaubaren Inhaltsstoffe? Sie gelangen in unsere Gewässer und Meere, denn selbst Kläranlagen können sie nicht herausfiltern, sie bleiben also in unserem Ökosystem zurück. Zum Leidwesen der Pflanzen- und Tierwelt.

Es ist ein trauriger Widerspruch: Unsere Sauberkeit verpestet die Umwelt. Daher ist es jetzt wichtiger denn je, auf nachhaltige Waschmittel zurückzugreifen.

Aber woher kommt Seife eigentlich?

Geschichtliches

Es ist unglaublich, aber wahr: Die ältesten Urkunden, die eine Verwendung von Seife dokumentieren, stammen aus der Zeit einige Tausend Jahre vor Christi Geburt. Seifensieden ist ein chemischer Prozess, wir können dieses Wissen als das älteste chemische Knowhow der Menschheit bezeichnen. Die Schriften wurden auf Papyrus (Ägypten) ebenso wie in sumerischer Schrift auf Tontafeln (Mesopotamien) gefunden.

Zunächst wurde Seife allerdings nicht zur Körperreinigung verwendet, sondern zur Vorbehandlung von Wolle vor dem Färben. Wir können annehmen, dass unsere Vorfahren ihre reinigenden Eigenschaften übersahen und sie daher als Haarbleichmittel, Heilmittel bei Gicht, bei Läusen und Würmern verwendeten. Erst die Römer entdeckten die reinigende Wirkung der Seife. Eine Legende berichtet darüber, wie es zu dieser Erkenntnis kam:

Auf dem Berg Sapo (im Lateinischen bedeutet das Wort »sapo« Seife) reinigten Römerinnen mit der Asche von geopferten Tieren einen Altar. Später wusch Regen das Gemisch den Berg hinab und in den Fluss Tiber. Es bildete sich ein seifenartiger Schaum, der schließlich bei den Waschplätzen der fleißigen Frauen angespült wurde. Auf diese Weise wurde der Legende nach die Seife entdeckt.

Die ersten Seifen

Woraus wurde Seife damals hergestellt? Aus tierischen Fetten, Asche und Wasser. Die notwendige Lauge (Wasser und Asche) für die Seifenherstellung gewannen die Menschen in einem aufwendigen Verfahren. Dafür wurde ein Holzfass am Boden mit Löchern versehen, Asche eingefüllt und Wasser aufgegossen. Die abtropfende Lauge wurde in Bottichen aufgefangen und eingedampft, um eine konzentrierte Lauge zu erhalten, und im Anschluss daran mit den Fetten zu Seife verkocht. Unter der

Die ersten Seifen wurden zur Vorbehandlung beim Färben von Stoffen verwendet.

Bezeichnung Pottasche versteht man die alte Methode, Pflanzenasche mit Wasser zur Anreicherung von Kaliumcarbonat auszuwaschen. Dieses Laugensalz wurde im Anschluss in Pötten (Töpfen) eingedampft, um die gewünscht hohe Konzentration an Kaliumcarbonat zu erhalten.

Die Araber stellten die ersten festen Seifen auf Olivenölbasis her, indem sie Öl und Lauge miteinander verkochten. Dieses Wissen verbreitete sich rasch in Europa. Die ersten Zentren der Seifenherstellung bildeten sich in Frankreich und Spanien, wo Olivenöl und zahlreiche Aromapflanzen beheimatet waren. Im Herzen der Provence entstand später durch König Ludwig XIV. (1637-1715) ein Zentrum der Seifenherstellung. Dies gelang ihm, indem er die besten Seifensieder aus Genua nach Versailles holte. 1688 wurde von ihm das Reinheitsgebot der Seife erlassen, Seifen mit einem Ölanteil von mindestens 72 % galten fortan als besonders hochwertig. Die ersten pflanzlichen Kernseifen entstanden, die in Stücke geschnitten oder zu Kugeln geformt als »Savon de Marseille« weltberühmt wurden. Weitere bekannte Orte für die Seifenherstellung im 16. Jahrhundert waren Marseille, Sevilla, Alicante, Venedig und Genua.

Im späten Mittelalter konnten in den größeren Städten Mitteleuropas nicht mehr als zwei bis vier Seifensieder von ihrem Handwerk leben. Oft stellten sie zum Überleben zusätzlich Kerzen her. Im Vergleich dazu wurden Seifen aus den Mittelmeerländern als Luxusartikel gehandelt und waren

Erst im 18. Jahrhundert wurde die Seife Reinigungsmittel in vielen Haushalten.

für viele unerschwinglich. Die Mehrheit der Menschen griff auf kostengünstigere Reinigungsmittel zurück oder verzichtete gänzlich auf den Genuss der Seife.

Mit dem Ausbruch von Pest und Cholera vertraten Ärzte die Meinung, Wasser sei für den Körper schädlich. Die Übertragungswege von Bakterien waren unbekannt, man vermutete, Badewasser könne ein Überträger der Krankheiten sein. Das Waschen mit Wasser wurde eingestellt.

Ab dem 18. Jahrhundert machte die Technik große Fortschritte und dem Franzosen Nicolas Leblanc gelang es, ein Verfahren zu entwickeln, durch das die aufwendig hergestellte Pottasche durch künstliches Soda ersetzt werden konnte. Seife wurde für jedermann erschwinglich und hielt Einzug in die Haushalte.

Chemisches

Seifen sieden ist ein chemischer Prozess. Öle und Fette werden geschmolzen und in einem bestimmten Verhältnis mit Lauge vermengt. Dabei sollten zur Sicherheit einige Vorsichtsmaßnahmen eingehalten werden.

Wie entsteht Seife?

Öle und Fette aus pflanzlichem oder tierischem Ursprung werden bei der Seifenherstellung geschmolzen und mit Natronlauge (Natriumhydroxid gelöst in Wasser) zu einer chemischen Reaktion gebracht. Durch Erhitzen spalten sich die Öle und Fette in ihre Bestandteile auf, das sind organische Fettsäuren und Glycerin (8–10 %). Die organischen Fettsäuren verbinden sich mit der Lauge und beide Bestandteile neutralisieren sich gegenseitig.

Wie funktioniert Seife?

Bei einer vollständigen Verseifung sind weder Lauge noch Öle und Fette nachweisbar. Seife ist chemisch gesehen ein Salz, das sich in Wasser auflöst. Zusätzlich entwickelt sie eine schmutzlösende und schäumende Qualität. Sie dient als Emulgator, der Fett und Wasser miteinander verbindet, um Schmutz aufzufangen und fortzuspülen. Das Geheimnis einer guten Seife liegt in der Qualität und Ausgewogenheit ihrer Rohstoffkomposition. Eine gute Auswahl an Basisölen und Fetten ist daher die Kunst einer milden und pflegenden Seife.

Der Gefahrenstoff Natriumhydroxid (NaOH)

Ätznatron ist ein wichtiger Grundrohstoff bei der Seifenherstellung. Seine chemische Formel ist NaOH, das steht für Natriumhydroxid. Es ist in Pulver- oder Plättchenform in Drogerien und Apotheken erhältlich und korrekt gelagert unbegrenzt haltbar. In Wasser gelöst bildet es die notwendige Lauge, um den chemischen Prozess in Gang zu setzen. Ohne Lauge keine Seife! Ätznatron und die daraus hergestellte Lauge sind Gefahrenstoffe! Wir sollten die Risiken und Gefahren kennen und bei der Arbeit mit diesen Stoffen besonders vorsichtig sein!

Das Ätznatron wird genau abgewogen.

Bitte halten Sie sich unbedingt an die nachfolgenden Sicherheitsregeln:

- Ätznatron kann schwere Verätzungen hervorrufen. Kontakt mit Haut, Augen, Lungen und Schleimhäuten sind zu vermeiden. Beschriften Sie es sorgsam, um Verwechslungen zu vermeiden, und lagern Sie es trocken an einem sicheren Ort außer Reichweite von Kindern und Tieren.

- Da beim Lösen des Ätznatrons mit Wasser kurzfristig giftige Dämpfe entstehen, ist es unerlässlich, eine Schutzbrille, Mundschutz, Haushaltshandschuhe und eine Schürze zu tragen. Es ist darauf zu achten, die Räumlichkeiten gut zu lüften und das Einatmen der Dämpfe zu vermeiden. Alternativ kann das Ätznatron auch im Freien oder bei offenem Fenster gelöst werden. Wichtige Grundregel: Immer das Ätznatron in Wasser lösen, niemals umgekehrt, da dies zu heftigen Reaktionen führt.

- Kinder und Tiere haben bei der Seifenherstellung keinen Platz, achten Sie darauf, dass Sie ungestört sind.

- Benutzen Sie Gefäße aus Glas, Emaille und hitzebeständigem Kunststoff, keinesfalls aber Aluminium.

- Falls Ihre Haut trotz aller Vorsicht mit einem Spritzer Lauge oder flüssigem Seifenleim in Berührung kommt, spülen Sie die betroffene Stelle lange mit viel Wasser ab. Eine verdünnte Wasser-Essig-Lösung hilft zu neutralisieren, daher ist es ratsam, Essig in der Nähe aufzubewahren.

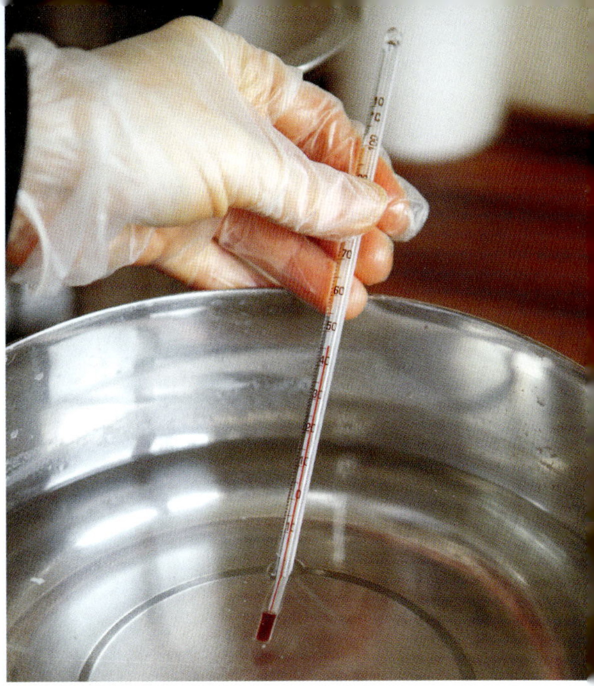

Die Temperatur spielt eine wichtige Rolle.

- Falls Ihr Auge mit Lauge in Berührung kommt, sollte es sofort mit viel klarem Wasser gespült und umgehend ein Arzt aufgesucht werden.

- Sollte versehentlich Natron verschluckt werden, empfiehlt es sich, Wasser zu trinken und den Notarzt zu rufen.

All das hört sich sicherlich beängstigend an und auch in meinen Kursen wird der Gefahrenstoff Ätznatron ausführlich besprochen. In meinen zahlreichen Jahren des täglichen Seifensiedens ist mir noch nie ein Unfall passiert. Seifen sieden stellt, wenn diese Sicherheitsregeln eingehalten werden, kaum eine Gefahr dar.

Und keine Sorge, Ihre selbst gesiedete Seife enthält nach der Reifezeit keine ätzende Lauge mehr, sie wird nur benötigt, um den chemischen Prozess in Gang zu setzen.

Grundlagen des Seifensiedens

Sind die richtigen Arbeitsgeräte, Zutaten und Formen einmal besorgt, gilt es den Arbeitsplatz für das Seifensieden vorzubereiten. Dann kann es auch schon losgehen.

Arbeitsgeräte und Zubehör

Ein Großteil der Ausrüstung, die man zum Seifensieden benötigt, ist in den meisten Küchen bereits vorhanden. Die Liste ist daher nicht lang, und sämtliche Utensilien sind im Supermarkt oder Baumarkt erhältlich. Wichtig ist, dass die Geräte sowie das Werkzeug ausschließlich zum Seifensieden verwendet und später nicht mit den Küchenutensilien vermischt werden. Schließlich arbeiten wir mit dem Gefahrstoff Ätznatron und der hat im Kochbereich nichts verloren.

Checkliste für die richtige Ausrüstung

1 Haushaltshandschuhe: Sie sollten bis zum Ellbogen reichen, um die Haut vollständig vor der Lauge und dem frischen Seifenleim zu schützen.

2 Eine grammgenaue, digitale Waage: Sie ermöglicht exaktes Abwiegen, denn Differenzen können sich auf die Seife negativ auswirken.

3 Ein Edelstahltopf oder Emailletopf mit Fassungsvermögen von 2–3 Litern. Nicht geeignet sind Aluminium und Kupfertöpfe, da diese mit der Lauge reagieren. Die Füllmenge richtet sich nach der gewünschten Seifenmenge, es ist von Vorteil, eine Höhe von 10–15 cm anzustreben, um Spritzer aufzufangen.

4 1–2 Thermometer (100 °C), um die Temperaturen von Öl und Lauge abzumessen. Es eignen sich Thermometer aus dem Labor oder gewöhnliche Zuckerthermometer.

5 Kunststoffkochlöffel für Lauge und Basisöle: Rührwerk aus Holz ist nicht geeignet, da es von der Lauge angegriffen wird. Es können auch Schneebesen aus rostfreiem Stahl verwendet werden.

6 Gummispachtel zum optimalen Verarbeiten der Seife.

7 Einen hitzebeständigen Kunststoff- oder Glasmessbecher mit Fassungsvermögen von 1 Liter für die Lauge, denn diese reagiert beim Lösen in Wasser mit hoher Temperatur. Am besten mit kochendem Wasser vorab einen Test machen. Hilfreich ist ein Gefäß mit Gießtülle, das beim Eingießen Spritzen vermeidet.

1 Haushaltshandschuhe
2 Waage
3 Edelstahltopf
4 Thermometer
5 Kunststoffkochlöffel
6 Gummispachtel
7 Kunststoffmessbecher
8 Stabmixer
9 Schutzbrille
10 Seifenform
11 Messer
12 Sieb
13 Schneebesen

8 Der Stabmixer ist ein hilfreiches Werkzeug, auf das man in der modernen Seifensiederei nicht verzichten kann. Auch dieses Gerät sollte, wie alle anderen, ausschließlich zum Seifensieden verwendet werden. Es beschleunigt das Andicken der Seifenmasse erheblich.

9 Eine Schutzbrille, denn beim Lösen des Ätznatrons im Wasser und beim Eingießen der Lauge in die Öle können Spritzer entstehen. Wenn diese ins Auge gelangen, besteht akute Erblindungsgefahr. Die Schutzbrillen werden erst wieder abgenommen, wenn die Seife in die Form gegossen wurde.

Sauberkeit ist oberstes Gebot.

10 Seifenformen aus Silikon oder recycelte Behältnisse wie leere Joghurt- oder Puddingbecher aus Kunststoff

11 Ein scharfes Messer mit breiter Klinge zum Schneiden der Seifen

12 Ein feinmaschiges Sieb aus Metall

13 Ein Schneebesen zum einfachen Verrühren der Zutaten

Außerdem wird benötigt

- Apfelessig für den Notfall: Falls Sie doch einmal Lauge verschütten, wird diese mit Essig neutralisiert und trockengewischt. Im Anschluss mit heißem Seifenwasser gründlich reinigen.
- Eine Kochschürze aus Stoff schützt die Kleidung vor Laugen- und Seifenspritzern
- Eine Atemschutzmaske ist notwendig, falls die Räumlichkeiten nicht gut gelüftet werden können.
- Frischhaltefolie zum Abdecken der eingegossenen Seife
- Alte Handtücher zum Warmhalten der Formen nach dem Eingießen der Rohseife
- Butterbrotpapier zum einfachen Auslegen der Formen
- Plastikschüsseln in diversen Größen
- Küchenrolle, um die Arbeitsgeräte nach der Seifenherstellung grob zu reinigen und eine starke Verschmutzung der Spüle mit Seifenleim zu vermeiden.
- Müllsäcke oder Folien zum Schützen der Arbeitsflächen

Ein sicherer Arbeitsplatz

Bevor es losgeht, gilt es einige Sicherheitsmaßnahmen einzuhalten. Erst wenn die Arbeitsfläche mit Folie abgedeckt ist und alle Geräte, Schutzbrille und Handschuhe bereitliegen, kann die Arbeit mit der Lauge beginnen.

Nachdem Arbeitsgeräte und Rohstoffe besorgt sind, richten wir unseren Arbeitsplatz sicher und bequem ein:

Die Arbeitsfläche wird mit einer Folie (oder einem aufgeschnittenen Müllsack) abgedeckt. Viele Arbeitsplatten reagieren empfindlich auf Laugenspritzer und Seifenleim oder diese hinterlassen Flecken, die nicht mehr zu entfernen sind.

Da beim Lösen des Ätznatrons giftige Dämpfe entstehen, sollte immer für eine gute Lüftung gesorgt sein. Fenster öffnen oder den Dunstabzug einschalten.

2–3 Stunden Zeit sollten eingeplant werden. Kinder und Haustiere haben in der Seifenküche nichts verloren. Zum einen wegen der Dämpfe, die kurzfristig entstehen, zum anderen reagieren sie oftmals empfindlich auf die Düfte der ätherischen Öle.

Als Erste-Hilfe-Mittel immer eine Flasche Essig bereitstellen, denn der Essig neutralisiert ungewollte Laugenspritzer.

Schutzbrille und Handschuhe gehören zum sicheren Arbeiten.

Gummispatel und Messlöffel sorgen für Genauigkeit.

Kunststoffmessbecher eignen sich besonders gut zum Färben von Seifenleim. Sie ermöglichen ein genaues Eingießen und erleichtern spezielle Techniken wie das Marmorieren.

Seifenformen

Es gibt heute eine große Vielfalt an Möglichkeiten, Seifen eine besondere Form zu geben. Einige Hersteller haben sich auf Seifenformen aus Silikon spezialisiert. Diese sind wunderbar einfach in der Handhabung und isolieren gleichzeitig die noch warme Seife. Außerdem sind sie kostengünstig und leicht zu reinigen. Angeboten werden diese Silikonformen als Einzelformen und Blockformen.

Die Wärme des Seifenleims hält länger, wenn er in eine Form mit größerem Volumen gegossen wird. Einzelformen kühlen durch das geringere Volumen schneller aus und müssen deshalb besser isoliert werden.

Im Baumarkt gibt es außerdem viele Formen, die zweckentfremdet werden können, wie zum Beispiel PVC-Rohre, Kunststoffbehälter in der Haushaltsabteilung, Kunststoffdosen, Holzkisten oder Kartonagen.

Wen das Seifensieden gepackt hat, der läuft mit geschärftem Blick durch Läden und kauft einige Waren nur der Verpackung wegen. Kreative Köpfe werfen formschöne Verpackungen nicht einfach weg, sondern funktionieren sie um. Als Seifenformen eignen sich folgende Möglichkeiten:

Silikonformen

Silikonformen sind in unterschiedlichen Dekors erhältlich und müssen nicht eingefettet oder mit Folie ausgelegt werden. Sie erleichtern das Entformen der Seife, die Gummiwand lässt sich rasch und einfach ablösen, ohne die noch weiche und instabile Seife zu beschädigen.

Holzformen

Holzformen isolieren sehr gut die Wärme des frischen Seifenleims. Sie sollten jedoch mit Butterbrotpapier oder Frischhaltefolie ausgelegt werden. Dabei ist es wichtig, faltenfrei zu arbeiten, denn Falten übertragen sich auf die Seife.

Papierformen

Stabile Kartons oder Papierschachteln können verwendet werden, wenn sie mit stärkerer Folie (Müllbeutel) ausgelegt sind. Sie eignen sich aufgrund ihres Materials leider nicht für mehrmalige Anwendung.

PVC-Rohre

PVC-Rohre sollten nicht länger als 20 cm sein. Sie müssen vor Gebrauch ausgefettet und der Boden mit einem Stück Plastik und Klebeband gut verschlossen werden (bei manchen Rohren wird im Handel ein Endstück gleich mit angeboten). Bei PVC-Rohren kann es eine echte Herausforderung sein, die Seife zu entformen. Falls es gar nicht klappt, kann die Seife nach ein paar Stunden im Gefrierschrank normalerweise mit festem Druck herausgelöst werden.

Im Handel erhältliche Silikonformen eignen sich hervorragend zum Seifensieden.

Plastikformen

Weiche Plastikformen sind gut geeignet, müssen aber vorab eingefettet werden. Auch Hartplastikformen (Tupperware) eignen sich als Seifenform. Sämtliche Formen, in die Seife gegossen wurde, dürfen später nicht mehr in der Küche und nur noch für die Seifenherstellung verwendet werden.

Metallbackformen

Metallbackformen sind nur dann zur Seifenherstellung geeignet, wenn sie vollständig und flächendeckend mit Frischhaltefolie ausgelegt werden. Ohne Plastikzwischenlage würde das Metall mit dem frischen Seifenleim reagieren.

Kunststoffbehälter

Recycelte Kunststoffbehälter aus dem Lebensmittelbereich (Joghurtbecher, Frischkäsebecher oder Plastikverpackungen für Eier) können eingefettet und zweckentfremdet werden. Ebenso gereinigte Tetrapacks. Hier gibt es wirklich sehr viele Möglichkeiten. Die wiederverwerteten Verpackungen sollten allerdings nicht zu dünn sein und können je nach Festigkeit mehrere Male verwendet werden.

Metalldosen

Dosen aus diversen Metallen und Aluminium sind nicht als Seifenformen geeignet, da die Lauge mit dem Metall reagiert.

Zutaten allgemein

Eine Seife kann nur so gut sein wie ihre Zutaten. Hochwertige, natürliche Rohstoffe machen die besten Seifen, und trotzdem muss Seifensieden nicht teuer sein. Die meisten Zutaten sind Alltagsprodukte, die sich in gut sortierten Supermärkten, in der Apotheke oder ganz unkompliziert online erwerben lassen.

Ätznatron

Ätznatron – Natriumhydroxid (NaOH) ist als chemischer Gefahrenstoff gelistet und in der Apotheke, im Drogeriemarkt oder online erhältlich. Es wird in Plastikgefäßen in Plättchen- oder Pulverform geliefert. Ätznatron zieht Wasser an und muss fest verschlossen aufbewahrt werden. Als Gefahrenstoff ist es entsprechend zu beschriften und außer Reichweite von Kindern aufzubewahren. Bei der Arbeit mit diesem Stoff ist es unerlässlich, Schutzkleidung (Schürze, Handschuhe, Schutzbrille und Mundschutz) zu tragen.

Ätherische Öle

Sie sind im Handel leicht verfügbar und in vielen Qualitätsstufen erhältlich. Firmen wie »Primavera« oder »Essence«, »Feeling«, »Sonnentor« und »Tiroler-Kräuterhof« bieten in unterschiedlichen Preislagen und Qualitäten reine ätherische Öle in konventioneller und in biologischer Qualität an. Ihre Haltbarkeit variiert, die kürzeste Haltbarkeit haben Öle aus Zitrusfrüchten (Zitrone, Orange, Grapefruit, Mandarine). Sie können auch eine phototoxische Wirkung haben: Unter Einwirkung des Sonnenlichts können sie für Rötungen und Hautverfärbungen sorgen.

Öle & Fette

Unseren Basisrohstoff bilden Öle und Fette pflanzlichen oder tierischen Ursprungs. Die meisten von ihnen sind im Lebensmittelhan-

Kakaobutter gibt es in praktischen Plättchen im Handel, der Apotheke oder im Internet.

Öle, Fette und Kräuterauszüge bilden den Fettansatz handgesiedeter Seife.

del oder im Bioladen erhältlich. Auch das Internet bietet eine Vielzahl an Möglichkeiten. Jedes Öl oder Fett lässt sich im Prinzip zum Verseifen verwenden. Bei Olivenöl gibt es im Handel unterschiedliche Qualitäten wie nativ, vergin und extra vergin. Alle Qualitätsstufen eignen sich zum Seifensieden. Einige Öle wie Hanf- oder Mohnöl sind nicht lange haltbar. Hier empfiehlt es sich, keine großen Mengen zu kaufen. Im Internet gibt es eine große Auswahl an unterschiedlichsten Ölen und Fetten in kleinen und größeren Mengen.

Wasser

Zur Seifenherstellung eignet sich normales stilles Wasser. Leitungswasser lässt sich verwenden, sofern es nicht zu viel Kalk enthält. Auch stilles Flaschenwasser aus dem Handel, Wasser aus einem klaren, sauberen Bach oder sauberes Regenwasser kann verwendet werden.

Farbzusätze

In diesem Buch liegt der Fokus auf natürlichen Farben wie Tonerden. Sie sind in Weiß, Gelb, Grün, Rosa und Rot im Handel oder in der Apotheke erhältlich. Im Internet werden Tonerden zum Beispiel bei »Manske«, »Kosmetikmacherei« oder bei Amazon angeboten. Auch bestimmte Gewürze eignen sich zum Färben.

Kräuter

Beim Seifensieden bieten sich in der Verarbeitung sowohl getrocknete als auch frische Kräuter an. Sämtliche Küchenkräuter wie Rosmarin, Salbei, Melisse, Lavendel und Minze können frisch im Lebensmittelhandel oder im Gartencenter bezogen werden. Auch Unkräuter wie Löwenzahn, Spitzwegerich und Brennnessel lassen sich wunderbar in Seifen verarbeiten. Spezielle Kräuter wie Schafgarbe oder Johanniskraut sind auch in der Apotheke erhältlich.

Basisöle, Fette und Wachse

Wie in den vorigen Kapiteln beschrieben, bilden Öle, Fette und Lauge die Basis einer Seife. Zur Seifenherstellung eignen sich alle möglichen Öle, Fette oder auch Wachse pflanzlichen oder tierischen Ursprungs. Die Auswahl des Basisöls wirkt sich dabei auf die Eigenschaften der fertigen Seife aus. Es ist also wichtig, die richtige Rohstoffkomposition, den sogenannten »Fettansatz« zu finden.

Manche Öle und Fette erzeugen großblasigen Schaum, andere ergeben einen feinen, cremigen. Einige Kompositionen sind besser für trockene Haut geeignet, andere für fettige. Der Fettansatz kann außerdem die Andickdauer des Seifenleims und die Konsistenz der fertigen Seife beeinflussen.

Aprikosenkernöl
Prunus armeniaca

Umrechnungsfaktor 0,135
Dieses milde Öl, gewonnen aus den Kernen der Aprikose, ist reich an vielen Vitaminen, Mineralien und Ölsäuren, wirkt hautglättend, beruhigend, nährend und belebend. Sehr gut hautverträglich und ideal für die Babypflege geeignet.

Avocadoöl
Persea gratissima

Umrechnungsfaktor 0,133
Der hohe Gehalt an unverseifbaren Bestandteilen, Vitamin A, B, C, D, E und H machen dieses Öl zu etwas Besonderem. Das tiefgrüne Öl wirkt der Hautalterung entgegen und findet seinen Einsatz bei trockener, beanspruchter Haut wie auch in der Haarpflege. Avocadoöl ergibt weiche und feuchtigkeitsspendende Seifen.

Bienenwachs
Cera alba

Umrechnungsfaktor 0,069, lokal verfügbar
Es bildet eine herrliche Zutat in jeder Seife, die wundheilende und entzündungshemmende Wirkung besitzen soll. Bienenwachs ist in der Lage, Feuchtigkeit in der Epidermis abzuspeichern. Es beschleunigt den Andickprozess des Seifenleims und ergibt eine feste, ausgiebige Seife.

Distelöl
Carthamus tinctorius

Umrechnungsfaktor 0,136, lokal verfügbar
Auch als Färberdistel-Öl bekannt, wird Distelöl aus den Samen dieser distelähnlichen Pflanze gewonnen. Das goldgelbe

Palmfett
Avocado
Kakaobutter

Hanföl
Jojobaöl
Mandeln
Kokos
Avocado

Öl ist reich an Linolsäuren und zieht schnell ein. Da es mattierende Eigenschaften hat, ist es gut für Mischhaut und fettige Haut geeignet. Distelöl ergibt weiche und feuchtigkeitsspendende Seife, die wenig Schaum bildet. Es kann allerdings schnell ranzig werden, hat also eine begrenzte Haltbarkeit.

Erdnussöl
Arachis hypogaea

Umrechnungsfaktor 0,136
Erdnussöl macht die Haut weich und geschmeidig, wirkt nährend und ist ein kostengünstiges Basisöl. Reich an Linolsäure, wirkt es regulierend auf den Feuchtigkeitshaushalt der Haut und ist feuchtigkeitsspendend. Man sollte für eine Seife allerdings nicht zu viel davon verwenden (20–25%), da es sonst eine sehr weiche Seife ergibt.

Hanföl
Cannabis sativa

Umrechnungsfaktor 0,137, lokal verfügbar
Hanf zählt zu unseren ältesten Kulturpflanzen, sein Öl wird kalt aus den Samen (Nüsschen) gepresst, ist reich an essenziellen Fettsäuren und gut für alle Hauttypen geeignet. Hanföl ist ein heilendes und regenerierendes Öl, das sich bei allerlei Hauterkrankungen bewährt hat. Dank der darin enthaltenen Linolsäuren wirkt Hanföl zellerneuernd, es ist gut geeignet bei trockener, reifer Haut und ergibt weiche, nachhaltig hautpflegende und gut schäumende Seifen.

Jojobaöl
Simmondsia chinensis

Umrechnungsfaktor 0,069
Chemisch gesehen ist Jojobaöl ein flüssiges Wachs. Es hat die Fähigkeit, die Elastizität der Haut zu erhöhen und besitzt hervorragende feuchtigkeitsspendende Eigenschaften. Deswegen ist es gut für normale bis trockene und reife Haut geeignet. Jojobaöl verbessert die Haltbarkeit und ergibt hautfreundliche Seifen, die sehr gut schäumen.

Kakaobutter
Theobroma cacao

Umrechnungsfaktor 0,137
Kakaobutter ist das gewonnene Fett aus den Samen des Kakaobaumes. Sie ist reich an Stearin- und Palmitinsäuren, sorgt für ein weiches Hautgefühl, wirkt feuchtigkeitsspendend und ist ein herrlicher Zusatz für handgesiedete Seifen. Kakaobutter ergibt harte, nährende und hautberuhigende Seife. Da sie allein kaum Schaum bildet, ist es vorteilhaft, sie mit schaumbildenden Ölen und Fetten zu kombinieren.

Kokosfett
Cocos nucifera

Umrechnungsfaktor 0,190
Gewonnen aus dem Fruchtfleisch der Kokosnuss, hat es eine stark schäumende Eigenschaft, die für Seifensieder wesentlich ist. Allein verwendet, ergibt es eine harte Seife, die austrocknend wirken kann. In Kombination mit Sonnenblumen- oder Olivenöl erhält man allerdings wunderbare Seifen mit stabilem und kräftigem Schaum.

Palmfett ergibt stark schäumende Seifen und beschleunigt das Andicken des Seifenleims.

Maiskeimöl
Zea mays

Umrechnungsfaktor 0,136, lokal verfügbar
Reich an Vitamin E, Mineralstoffen und essenziellen Fettsäuren, ist es hautpflegend und für alle Hauttypen verwendbar. Maiskeimöl sollte immer mit stark schäumenden Ölen und Fetten gemischt werden, da es allein kaum Schaum bildet. Es ist länger haltbar als Sonnenblumenöl.

Macadamianussöl
Macadamia ternifolia

Umrechnungsfaktor 0,139
Gewonnen aus der Frucht des Macadamianussbaums, ist es dem menschlichen Hautfett ähnlich und daher sehr gut hautverträglich. Es ist ein stabiles Öl, das regenerierend und hautglättend wirkt. Hervorragend für Gesichtspflege und Babypflege geeignet.

Mandelöl
Prunus amydalus dulcis

Umrechnungsfaktor 0,136
Aus den Kernen der Süßmandel gewonnen, ist Mandelöl für jeden Hauttyp, vor allem für empfindliche Haut, bestens geeignet. Reizlindernd wirkt es besonders trockener Haut entgegen und ist feuchtigkeitsspendend. Man erhält milde und gut haltbare Seifen.

Olivenöl
Olea europaea

Umrechnungsfaktor 0,134
Es ist ein Klassiker unter den pflanzlichen Ölen mit einem hohen Anteil an ungesättigten Ölsäuren. Reich an Vitaminen und Mineralien, eignet es sich wunderbar zum Seifensieden. Es wirkt feuchtigkeitsspendend, entzündungshemmend, heilend und durchblutungsfördernd. Ein hervorragendes Öl, um Kräuterauszüge herzustellen (zum Beispiel aus Ringelblume oder Kamille). Olivenölseifen sind mild mit cremigem, dichtem Schaum.

Palmöl, Palmkernfett
Elaeis guineensis

Umrechnungsfaktor 0,142/0,156
Gewonnen aus den Samen der Ölpalme, ist es reich an Vitamin E. Man kann es in unterschiedlichen Formen kaufen: naturbelassen und unraffiniert mit starkem Eigengeruch und in orangener Farbe oder raffiniert im Lebensmittelhandel als geruchloses, cremefarbenes Fett. Beide Qualitäten ergeben milde, schnell andickende

und dennoch cremig schäumende Seifen. Ein sehr weiches Fett, das bereits bei niedriger Temperatur rasch zu schmelzen beginnt. Palmfett (= Palmöl) ist in den letzten Jahren durch seine Gewinnung in Verruf geraten. Selbstverständlich können Sie dieses durch ein anderes festes Fett ersetzen. Wenn Sie sich für Palmfett als Rohstoff entschließen, empfehle ich, auf Fairtrade-Siegel und biologische Qualität zu achten, um einen gerechten Anbau zu gewährleisten.

Reiskeimöl
Oryza sativa

Umrechnungsfaktor 0,128
Im asiatischen Raum dient es als traditionelles Öl zur Schönheitspflege und für Sonnenschutzmittel. Reiskeimöl ist reich an mehr als 100 Antioxidantien, Vitaminen, Mineralien und Enzymen, die pflegen und unsere Hautzellen unterstützten. Reiskeimölseifen spenden Feuchtigkeit und sorgen für ein cremiges Schaumerlebnis.

Rizinusöl
Ricinus communis

Umrechnungsfaktor 0,128
Dieses transparente und sehr zähflüssige Öl ist in der Lage, Wasser aufzunehmen, um es dann in der Epidermis abzuspeichern. Rizinusöl ist sehr hautpflegend und hat schaumbildende Qualitäten. In hohen Mengen beschleunigt es die Andickdauer des Seifenleims und ergibt eine sehr weiche Seife. Daher empfiehlt es sich, dieses Öl mit festen Fetten zu kombinieren.

Sesamöl
Sesamum indicum

Umrechnungsfaktor 0,133
Reich an ungesättigten Fettsäuren, Vitamin E, Lezithinen und Mineralien, eignet sich Sesamöl sehr gut zum Sieden. Es zieht schnell ein, macht die Haut weich und geschmeidig und wirkt regenerierend. Sehr gut bei stark beanspruchter und trockener Haut.

Sheabutter
Butyrospermum parkii

Umrechnungsfaktor 0,128
Gewonnen aus den Nüssen des afrikanischen Sheabaums, hat diese Butter besonders rückfettende und nährende Qualitäten. Zusätzlich enthält sie unverseifbare Stoffe, die unverändert in der fertigen Seife enthalten bleiben. Sheabutter sorgt für Festigkeit in der Seife und eignet sich für trockene, empfindliche und beanspruchte Haut.

Sonnenblumenöl
Helianthus annus

Umrechnungsfaktor 0,134, lokal verfügbar
Preisgünstig und leicht erhältlich, ist Sonnenblumenöl eine gute Wahl für unsere Seife. Reich an essenziellen Fettsäuren und Vitamin E, wirkt es nicht nur gegen Hautaustrocknung, sondern schützt die Haut auch vor Umwelteinflüssen.

Ätherische Öle

Ätherische Öle sind keine wirklichen Öle, sondern fettlösliche und flüchtige Substanzen. Sie dienen Pflanzen als Fraßschutz und schützen sie vor Bakterien und Pilzbefall. Gewonnen werden sie durch Wasserdampfdestillation aus Blüten, Blättern, Samen und Wurzeln.

Ätherische Öle sind hoch konzentrierte und wirksame Substanzen, in denen die ganze Kraft und Energie einer Pflanze enthalten ist. Nicht zu unterschätzen ist neben dem angenehmen Duft ihre heilende Wirkung. Sie dringen leicht über die Haut in unseren Körper ein und haben positive Wirkung auf unser Wohlbefinden und unsere Psyche.

Weniger ist manchmal mehr

Wegen ihrer hohen Konzentration sollten ätherische Öle immer mit Bedacht angewendet werden. Manchmal verstecken sich in einem Tropfen ätherischen Öls mehrere Kilogramm Pflanzenmaterial und Allergien sind nicht immer auszuschließen. Eine Zugabe von 3-5 % an ätherischen Ölen, berechnet an der Basisfettmenge einer Seife, ist vollkommend ausreichend für eine gut duftende Seife.

Macht's die Mischung?

Viele ätherische Öle riechen schon für sich ganz wunderbar und benötigen keine anderen Öle, um in der Seife zu einer herrlichen Duftkomposition zu werden. Es kann aber interessant sein, unterschiedliche Düfte miteinander zu kombinieren. Ätherische Öle lassen sich in Kopfnote, Herznote und Basisnote einteilen, die ich hier kurz beschreiben möchte.

Kopfnote

Sie ist immer der erste wahrnehmbare Duft in einer Mischung. Sie verbreitet sich schnell, riecht leicht und frisch, hält aber nicht lange an. Zur Kopfnote zählen zum Beispiel Orange, Mandarine, Zitrone, Kardamom, Pfefferminze, Rosmarin und Wacholder.

Herznote

Sie bildet den Charakter eines Parfums und verflüchtigt sich langsamer als die Kopfnote. Herznoten verweilen länger in der Luft und an der Haut. Oft werden sie als angenehm, lieblich, blumig beschrieben. Dazu zählen Lavendel, Rose, Jasmin, Muskatellersalbei, Zypresse, Ingwer, Ylang-Ylang, Majoran, Oregano und Salbei.

Basisnote

Ihr lang andauerndes Aroma kann stunden- und tagelang auf der Haut bleiben. Diese schwere Note bleibt erhalten, wenn sich

Olivenöl
Lorbeer
Orangenöl

Kopf- und Herznote längst verflüchtigt haben. Dazu zählen Weihrauch, Patchouli, Vanille, Myrrhe, Rosenholz, Zeder, Sandelholz und Cistrose.

Bei der Verwendung von ätherischen Ölen gilt es, einige Dinge zu beachten:

- Da einige ätherische Öle Kunststoffe angreifen, sollten Sie Ihre Arbeitsfläche und Waage schützen. Auch rate ich ausdrücklich von einer Aufbewahrung in Kunststoffbehältnissen ab.

- Ätherische Öle immer außerhalb der Reichweite von Kindern aufbewahren.

- Die Verträglichkeit eines ätherischen Öls kann man leicht testen, indem man es, mit etwas Pflanzenöl verdünnt, in der Armbeuge aufträgt. Nach dem Auftragen 24 bis 48 Stunden warten, ob sich eine Hautreaktion zeigt.

- Ätherische Öle sollten dunkel und kühl gelagert werden.

- Einige ätherische Öle enthalten Furocumarine und erhöhen die Lichtempfindlichkeit der Haut. Besonders bei Massageölen kann es durch diese Fotosensibilität zur Fleckenbildung auf der Haut kommen. Lichtempfindliche Öle sind zum Beispiel Orange, Zitrone, Mandarine, Bergamotte und Zitronengras.

- Während der gesamten Schwangerschaft zu vermeiden sind Wacholder, Majoran, Muskat, Pfefferminze, Basilikum, Muskatellersalbei, Zeder, Geranie, Jasmin, Rosmarin, Thymian, Kampfer, Estragon.

Wer ätherische Öle zum Seifensieden verwenden möchten, sollte in ein Fachbuch über Aromatherapie investieren, um genau über die Eigenschaften der verfügbaren Öle Bescheid zu wissen. In diesem Buch gehe ich nur auf einen Teil der ätherischen Öle ein. Der Handel bietet eine weit größere Auswahl an.

Bergamotte
Citrus bergamia

Duft: frisch, zitronig
Wirkung: appetitanregend, stimmungsaufhellend, wundheilend, hilft gegen Herpes, Akne, Stress
Parfum: Kopfnote
Gut mischbar mit: Geranium, Lavendel, Ylang-Ylang

Eine Kupferdestille wird zur Gewinnung ätherischer Öle verwendet.

Auf der Oberfläche des Lavendelhydrolats schwimmt das ätherische Lavendelöl.

Citronella
Cymbopogon nardus

Duft: frisch, zitronig
Wirkung: stimmungsaufhellend, vertreibt Stress und Kummer
Parfum: Kopfnote
Gut mischbar mit: Eucalyptus, Geranie, Zitrusdüften, Zeder

Fichte
Picea abies

Duft: balsamisch, frisch, würzig
Wirkung: antimikrobiell, antiseptisch, entzündungshemmend, hilft gegen Entzündungen der Atemwege
Parfum: Kopf/Herznote
Gut mischbar mit: Lavendel, Rosmarin, Sandelholz, Thymian, Ylang-Ylang, Zedernholz

Geranie
Pelargonium graveolens

Duft: blumig, fruchtig, nach Rosen
Wirkung: hautpflegend, antibakteriell, entzündungshemmend, harmonisierend
Parfum: Herznote
Gut mischbar mit: Jasmin, Lavendel, Lemongras, Rosmarin, Palmarosa, Zitrusölen

Grapefruit
Citrus paradisi

Duft: herb, erfrischend, süßlich
Wirkung: tonisierend, antiseptisch, stimmungsaufhellend, hautstraffend, hilft gegen Akne, fettige Haut
Parfum: Kopfnote
Gut mischbar mit: Bergamotte, Lavendel, Palmarosa, Rosmarin

Lavendel
Lavandula angustifolia

Duft: frisch, krautig, blumig
Wirkung: harmonisierend, beruhigend, erfrischend, heilend, stimmungsaufhellend
Parfum: Herznote
Gut mischbar mit: mit vielen Düften kombinierbar, zum Beispiel Bergamotte, Geranie, Kiefer, Minze, Muskatellersalbei, Zitrone

Lemongrass
Cymbopogon flexuosus

Duft: frisch, fruchtig, zitronig
Wirkung: stimmungsaufhellend, klärend, immunstärkend, belebend
Parfum: Kopfnote
Gut mischbar mit: Zitrus und Nadelhölzern

Limette
Citrus aurantifolia

Duft: intensiv, fruchtig, zitronig
Wirkung: antiseptisch, antiviral, desinfizierend, erfrischend, hilft gegen Müdigkeit
Parfum: Kopfnote
Gut mischbar mit: allen Zitrusölen, Lavendel, Muskatellersalbei, Nelke, Rose, Rosmarin, Thymian, Zimt

Litesea Cubeba
Litsea Citrata

Duft: fruchtig, frisch, zitronig
Wirkung: konzentrationsfördernd, entzündungshemmend, antibakteriell
Parfum: Kopfnote
Gut mischbar mit: Eukalyptus, Niaouli, Orange

Mandarine
Citrus reticulata

Duft: fruchtig, frisch, süß
Wirkung: stimmungsaufhellend, entspannend, immunstärkend, hilft gegen fettige Haut, Akne
Parfum: Kopfnote
Gut mischbar mit: allen Zitrusölen, Lavendel, Minze, Muskatellersalbei, Rosmarin, Sandelholz, Vanille, Weihrauch, Zimtblätter

Myrrhe
Commiphora myrrha

Duft: mystisch, bitter
Wirkung: antiseptisch, antibakteriell, belebend, entzündungshemmend
Parfum: Basisnote
Gut mischbar mit: Bergamotte, Geranie, Grapefruit, Lavendel, Orange, Rose, Tonkabohne, Harze

Palmarosa
Cymbopogon martinii

Duft: blumig, mild, würzig
Wirkung: hautregenerierend, feuchtigkeitsspendend, reduziert Narbenbildung, entzündungshemmend
Parfum: Herznote
Gut mischbar mit: Bergamotte, Geranie, Lavendel, Limette, Rosmarin, Sandelholz, Ylang-Ylang

Patchouli
Pogostemon cablin

Duft: erdig, süßlich, waldig

Wirkung: entzündungshemmend, antiseptisch, wundheilend, hilft gegen trockene und rissige Haut
Parfum: Herz/Basisnote
Gut mischbar mit: Geranie, Palmarosa, Rose, Ylang-Ylang, Zimt, Zitrusöle, Zypresse

Pfefferminze
Mentha piperita

Duft: erfrischend, intensiv, klärend
Wirkung: zellerneuernd, wundheilend, konzentrationssteigernd, erfrischend
Parfum: Kopfnote
Gut mischbar mit: Bergamotte, Lavendel, Majoran, Mandarine, Orange, Rose, Thymian

Rosmarin
Rosmarinus officinalis

Duft: krautig, aromatisch, belebend
Wirkung: antibakteriell, entzündungshemmend, belebend
Parfum: Herznote
Gut mischbar mit: Bergamotte, Grapefruit, Lemongras, Minze, Tanne, Wacholder, Zitrone

Salbei
Salvia officinalis

Duft: würzig, frisch, krautig
Wirkung: reinigend, erfrischend, belebend, entzündungshemmend, antibakteriell, adstringierend
Parfum: Kopf/Herznote
Gut mischbar mit: vielen Küchenkräutern, Weihrauch, Zitrusölen und Blütenölen

Ätherische Öle sind kostbare Duftstoffe.

Thymian
Thymus vulgaris

Duft: krautig, scharf, würzig
Wirkung: bakterienhemmend, abwehrsteigernd, immunstärkend, wundheilend
Parfum: Kopfnote
Gut mischbar mit: Rose, Sandelholz, Wacholder, Ylang-Ylang

Der Handel bietet außerdem eine Vielfalt an synthetisch hergestellten Duftölen an. Da ich ausschließlich mit reinen biologischen Ölen arbeite, sind mir synthetische Duftstoffe fremd und werden in diesem Buch nicht erwähnt. Viele Menschen reagieren allergisch auf synthetische Düfte, daher möchte ich mich lieber auf die Möglichkeit einer natürlichen Beduftung konzentrieren.

Farbzusätze

Für das Färben einer Seife gibt es eine Vielzahl von Möglichkeiten. Ich persönlich arbeite ausschließlich mit pflanzlichen Farben und verzichte auf synthetische Produkte wie Kosmetikfarben, die im Handel erhältliche sind. Nach unzähligen Experimenten habe ich für mich festgestellt, dass natürliche Farben die schönsten sind.

Tonerden und Pflanzen bieten uns eine wundervolle Palette an natürlichen Nuancen. Sie verleihen der Seife ein natürliches Erscheinungsbild.

Allerdings muss ich zugeben, dass Mutter Natur die Hände gebunden sind, wenn man Farben wie Bordeaux-Rot oder Türkis sucht. Die größte Herausforderung beim Färben liegt in der Reaktion, die frischer Seifenleim mit den Farbstoffen verursacht. So verwandelt sich beispielsweise ein dunkelroter Rübensaft in einen Braunton, blaue Farbstoffe dagegen in einen matten Grauton. Diese Reaktion verursacht der pH-Wert des Seifenleims, der sich in einem stark alkalischen Bereich befindet und die Farbgebung stark beeinflussen kann. Einige Pflanzenfarben sind in der Seife stabil, andere können mehr oder weniger stark verblassen.

Als Richtwert für die Farbzugabe gelten 2–3 g auf 500 g Seife. Dieser Wert ist jedoch kein Gesetz und kann nach Geschmack erhöht oder reduziert werden. Durch Experimente mit der Menge und Art der Farbzugabe und Notizen zu den eigenen Rezepturen, lassen sich die unterschiedlichsten Farbtöne finden.

Gewürze

Zum Seifenfärben eignen sich Gewürze hervorragend. Allerdings können einige Gewürze in hoher Konzentration hautreizend wirken. Verwendet wird das im Handel erhältliche Pulver.

Curry ist eine Gewürzmischung, in der Kurkuma enthalten ist, in der Seife ergibt sie einen warmen Gelbton.

Paprika gibt es als Gewürzpulver süß und scharf. Die milde Variante ist beim Seifenherstellen vorzuziehen, weniger ist hier mehr. Das Resultat ist ein leichter Pfirsichfarbton.

Kaffee kann als Pulver oder anstelle des Wassers in der Lauge eingesetzt werden. Kaffee hat neben einer schönen Braunfärbung die Eigenschaft, Gerüche zu absorbieren und bildet daher einen Klassiker für eine gute Küchenseife.

Kakaopulver wird aus den gerösteten Samen des Kakaobaums gewonnen und verleiht Seife je nach Menge einen mittel-, bis dunkelbraunen Farbton.

Kurkuma oder auch Gelbwurz ergibt einen wunderschönen, goldigen Gelbton.

Salbei
Kurkuma

Tonminerale

Aus einem einfachen Grund gehören Tonminerale zu meinen Lieblingsfärbemitteln beim Seifenfärben: Die Farben sind stabil und verändern sich nicht. Pflanzliche Pigmente können nach einiger Zeit verblassen. Außerdem ziehen Tonminerale Schmutz und Giftstoffe aus der Haut und pflegen sie dank der enthaltenen Mineralstoffe. Im Handel sind Tonminerale in den Farben Weiß, Grün, Gelb, Rosa und Rot erhältlich.

Pflanzenfarben

Eine tolle Möglichkeit, Seifen leichte Farbschattierungen zu verleihen, sind Pflanzenfarben. Ein kräftiger Aufguss aus frischen oder getrockneten Pflanzen ist ausreichend, um sanfte Farbtöne zu erhalten. Auch Pflanzenpulver (beispielsweise gemahlene Melisse, Brennnessel oder Ringelblume) verleihen einen natürlichen Farbton und die Heilwirkung erhöht die Pflegewirkung. Für die Haut eine wahre Wohltat.

Ringelblume

Die orangenen Blütenblätter lassen sich als Aufguss zubereiten oder als dekorative Beigabe zusetzen.

Kamille

Auch hier hat sich ein kräftiger Aufguss aus frischer Kamille bewährt. Er ergibt einen hellen, beigen Farbton.

Melisse, Minze, Brennnessel

Ein jeweiliger Aufguss aus diesen Kräutern bewirkt ein helles Grün in der Seife.

Spirulina

Etwas Spirulina in Wasser gelöst ergibt einen mittel- bis dunkelgrünen Farbton.

Krappwurzel

Schon in der Antike wurde diese traditionelle Kulturpflanze zum Färben von Stoffen verwendet. Gemahlen oder als Aufguss ergibt sie einen Farbton, der Altrosa ähnlich ist.

Alkannawurzel

Auch dieser Farbstoff wurde bereits in der Antike verwendet. Die Wurzel muss in einem farbneutralen Öl ausgezogen werden. 1–2 Tage Ausziehzeit sind dafür ausreichend. Das dunkelrote Öl wird dann nach der Spurbildung beigemengt. Die Farbe wird sich beim Vermengen durch den alkalischen Seifenleim aber in Blau bis Violett verwandeln.

Ringelblume sorgt für spannende Effekte.

Indigo

Dieser blaue Pflanzenfarbstoff fand ebenfalls schon in der Antike Einsatz. Verwendet wird bei der Seifenherstellung nur eine Prise, denn Indigo besitzt eine starke Farbkraft von Hellblau bis Blaugrau und Lavendelblau.

Kohle

Für alle Grauschattierungen bis ins tiefe Schwarz ist Kohle wunderbar geeignet. Vorsicht ist allerdings bei der Dosierung geboten, denn wenn zu viel verwendet wird, können hartnäckige Flecken entstehen. Die besten Erfahrungen habe ich mit Kohle aus den Rückständen meines Ofens gemacht. Die nicht komplett verbrannten Kohlenstücke werden einfach im Mörser zerkleinert.

Gemüse

Karottensaft kann verdünnt oder pur anstelle des Wassers verwendet werden und zaubert einen hellen Gelbton.

Eine im Mixer zerkleinerte Gurke pur oder mit der Wassermenge verdünnt, ergibt ein helles Grün in der Seife.

Weitere Zutaten

Die Beigabe von weiteren natürlichen Rohstoffen verleiht der Seife eine besondere Note und Optik. Experimentierfreude ist angesagt, es gibt unzählige Möglichkeiten und Rohstoffe, um die selbst gemachte Seife einzigartig zu gestalten. Diese Füllstoffe haben eine wohltuende Wirkung auf die Haut, sie vergrößern die Seifenmenge und verändern auch die Konsistenz der Seife. Diese Zusätze werden der Seife nach dem Andicken beigemengt. Aber Achtung: Ein hoher Anteil frischer Zutaten kann die Haltbarkeit der Seife auch stark verkürzen.

Aloe Vera

Sie zählt zu den ältesten und bekanntesten Heilpflanzen, und ihre therapeutische Wirkung wird sehr geschätzt. Reich an Enzymen, nährt sie unsere Haut und verlangsamt den Alterungsprozess. Sie spendet Feuchtigkeit und pflegt vor allem auch trockene Haut. Im Handel ist sie als Gel oder Saft erhältlich.

Algen

Asia-Läden bieten eine Vielzahl unterschiedlichster Algen an. Sie sind reich an Vitaminen, Spurenelementen und Aminosäuren und haben einen hautglättenden Effekt. Große und besonders harte Algen können vorab in Wasser eingeweicht und im Anschluss zerkleinert werden.

Blüten

Frische oder getrocknete und zermahlene Blütenblätter geben der Seife eine interessante Optik. Leider bleibt nicht die Farbe aller Blüten erhalten, aber Experimente mit Blütenblättern zahlen sich aus.

Grüner Tee

Gemahlener grüner Tee wirkt zellschützend, hautberuhigend und steigert die Abwehrkraft der Haut. Zusätzlich verleiht er der fertigen Seife optisch eine schöne Struktur und Farbe.

Heilkräuter

Frische, zerkleinerte oder getrocknete und vermahlene Kräuter ergeben schöne Zeichnungen in der Seife. Sie haben heilkräftige Wirkung, die sich leicht nachschlagen lässt, und verschönern die Seife.

Honig

Honig ist eines der ältesten Heilmittel und wirkt straffend, feuchtigkeitsspendend und wundheilend. Er ist somit ein kostbarer Zusatz für Seife. Feste Honigsorten so gering wie möglich verdünnen und leicht anwärmen. Zu viel Honig kann die Seife weich machen. In der Kombination mit Bienenwachs ein perfektes Duo. Honig beschleunigt das Andicken des Seifenleims erheblich.

Bienenwachsplatten
Hanfsamen
Bienenwachs
Kakaobutter
Mohn

Paprika
eingefärbtes Palmfett
Kurkuma
Getrocknete Melisse

Salz

Salz ist ein altbewährtes Hautpflegemittel mit heilender Wirkung. Hilfreich bei Problemhaut, entfaltet Salz in der Seife seine entzündungshemmenden und antibakteriellen Eigenschaften und ist daher gut zur Verwendung gegen Neurodermitis und jugendliche Hautprobleme geeignet. Für eine Salzseife wählt man einen hohen Überfettungswert, um eine Austrocknung zu vermeiden. Ein zu hoher Anteil an Salz kann die Seife allerdings beim Schneiden sehr schnell brüchig machen.

Schokolade

Schokolade ist nicht nur für den Gaumen ein Genuss. Ein Hauch von Luxus ist die Beigabe einer qualitativ hochwertigen Schokolade mit einem hohen Kakaoanteil. Kakaobohnen in der Seife wirken aktiv der Hautalterung entgegen und sind eine reichhaltige Pflege. Sie machen die Haut zart und geschmeidig. Je nach Schokoladensorte – also je nachdem wie hoch der Kakaoanteil ist – ergibt sie einen hell- bis dunkelbraunen Farbton.

Peelingzusätze

Fein vermahlenes Getreide, Hülsenfrüchte und Nüsse eignen sich hervorragend als natürliche Peelingzusätze, die der Seife Struktur verleihen und der Haut guttun. Sie werden nach dem Andicken des Seifenleims hinzugefügt. Zu beachten ist dabei die Größe des gewünschten Peelingzusatzes. Sind die Partikel zu groß, können sie Kratzspuren auf der Haut hinterlassen.

Hafer

Haferflocken, fein vermahlen, wirken hautberuhigend, sind feuchtigkeitsspendend und machen die Haut weich und geschmeidig. Sie sorgen für ein sanftes Peeling und verwöhnen gestresste Haut. Selbstverständlich lassen sich auch Experimente mit anderen Getreidesorten machen. Es eignen sich Flocken oder Mehle von Mais, Hirse, Roggen, Dinkel, Leinsaat, etc.

Hülsenfrüchte

Linsen, Bohnen, Erbsen und Erdnüsse sind reich an wirksamen Inhaltsstoffen und fein vermahlen ein wunderbarer Peelingzusatz.

Nüsse

Fein zu Mehl vermahlen, entfernen sie sanft abgestorbene Hautschüppchen und verbessern die Hauttextur. Reich an Fettsäuren, Mineralstoffen und Vitaminen, sind sie außerdem mild und regen den Hautstoffwechsel an. Mandeln, Cashewnüsse, Erdnüsse und weitere Nusssorten sind fein vermahlen als Peeling geeignet. Der Fantasie sind keine Grenzen gesetzt!

Mohn

Mohnsamen, ganz oder vermahlen, entfernen Schmutz und abgestorbene Hautzellen. Darüber hinaus zaubern sie ein wundervolles Muster in die Seife. Wie Kaffee sind auch Mohnsamen gut für eine Gärtnerinnenseife geeignet, da sie Schmutz zuverlässig entfernen.

Kräuter

Derzeit gibt es keine wissenschaftlichen Studien, ob und inwiefern Pflanzeninhaltsstoffe beim chemischen Prozess des Siedens beeinflusst werden. Persönlich arbeite ich schon seit Jahrzenten mit Ölauszügen (Mazerat) und Kräuteraufgüssen und habe sehr gute Erfahrungen mit Kräuterseifen gemacht. Bei schwerwiegenden Hauterkrankungen kann eine gute Seife unterstützend zum Heilungsprozess beitragen, den Weg zum Hautarzt aber selbstverständlich nicht ersparen.

Frische oder getrocknete Kräuter?

Oft stellen mir Seminarteilnehmer die Frage, ob es besser sei, frische oder getrocknete Kräuter zu verwenden. Beides ist möglich und – sofern korrekt geerntet und gelagert – sind getrocknete Kräuter den frischen gegenüber in der Wirkung gleichwertig. Frische Kräuter ergeben eine farbintensivere Seife, während getrocknete einfacher zu verarbeiten sind.

Frische Kräuter

Vor der Verwendung von frischen Kräutern sollten grobe und harte Pflanzenteile wie Stängel entfernt werden, sie können später beim Schneiden für Unregelmäßigkeiten sorgen und Kratzspuren auf der Haut hinterlassen. Große Blütenköpfe sollten zerkleinert werden. Diese trocknen schwer und können zu Schimmel führen. Am besten nur die feinen Pflanzenteile verwenden.

Die Kräuter mit etwas Wasser oder Öl pürieren und – da es sich um kostbare Zutaten handelt – unmittelbar nach dem Andicken der Seife in den Seifenleim rühren.

Getrocknete Kräuter

Getrocknete Kräuter können schnell und einfach mit den Händen zerrieben werden. Nachdem grobe Teile entfernt sind, wird der zerriebene Rest nach dem Andicken des Seifenleimes untergerührt. Mit getrockneten Kräutern lassen sich sehr schöne optische Effekte in einer Seife erzielen. Feinst vermahlen als Mehl bilden sie eine gute Möglichkeit zum Färben einer Seife.

Ölauszüge

Ölauszüge kann man im Kalt- oder Warmauszug herstellen. Diese kostbaren Ölauszüge sind angereichert mit pflanzlichen Wirkstoffen und werden, um die Inhaltsstoffe zu schonen, meistens nach dem Andicken des Seifenleims hinzugefügt.

Kaltauszug

Der Kaltauszug dauert länger als der Warmauszug, ist aber eine schonende Methode für das Ausziehen von Inhaltsstoffen.

Die getrockneten Kräuter werden in einem Gefäß mit einem Basisöl der Wahl über-

Kräuterseifen sind etwas Besonderes, sie verwöhnen und pflegen unsere Haut.

gossen. Damit Luft entweichen kann, sollte die Masse einmal gut durchgerührt werden, danach das Gefäß fest verschließen. Das Verhältnis ist $^2/_3$ Trägeröl zu $^1/_3$ Kräuter. Bei frischen Kräutern verwendet man die doppelte Menge. Täglich gut durchschütteln und 4–6 Wochen an einem hellen und warmen Platz (nicht in der Sonne) ausziehen lassen. Das einzige Kraut, das in der direkten Sonne ausgezogen wird, ist das Johanniskraut. Nun wird das Öl abgeseiht und das Pflanzenmaterial fest ausgedrückt, in saubere Flaschen gefüllt und beschriftet.

Wenn frische Kräuter gesammelt werden, sollten sie trocken sein, da Feuchtigkeit zu Schimmel führen kann. Das gewünschte Pflanzenmaterial nach dem Pflücken zerkleinert in ein Glasgefäß füllen, mit Öl übergießen und gut umrühren. Sorgfältig verschließen. In den ersten 2–3 Tagen zur Kontrolle das Gefäß öffnen und die Innenseite des Deckels auf Kondenswasser kontrollieren: Wasser unbedingt abwischen, denn es könnte ins Öl tropfen und unseren Ölauszug ruinieren.

Warmauszug

Der Warmauszug geht schneller, ist allerdings mit mehr Arbeit verbunden.

Die frischen oder getrockneten Kräuter werden in unserem Trägeröl sanft erwärmt, aber nicht gekocht. Die optimale Auszugstemperatur sollte 70 °C nicht überschreiten, da sonst Inhaltsstoffe verloren gehen. Die Kräuter sollten auf diese Art 1–2 Stunden warm gehalten werden. Danach langsam abkühlen lassen. Den Vorgang bei Bedarf wiederholen, um einen kräftigeren Auszug zu erhalten. Wer möchte, kann das Pflanzenmaterial wechseln und durch frisches ersetzen.

Aufguss

Bei einem Aufguss als Zubereitung werden Blüten und Blätter wie ein Tee zubereitet und mit heißem Wasser übergossen. Danach 5–10 Minuten abgedeckt ausziehen.

Wichtig ist, dass der Tee, der anstelle des Wassers für die Laugenzubereitung verwendet wird, bereits abgekühlt ist. Beim Lösen des Ätznatrons erwärmt sich die Lauge über 100 °C, wenn unsere Flüssigkeit vorab schon heiß ist, kann sie diese zum Kochen bringen.

Pflanzenportraits

Ackerstiefmütterchen
Viola tricolor

Gerbstoffe, Flavonoide, Cumarine, Schleimstoffe und Salicylsäure sind ihre wirksamen Bestandteile und tragen zur Wirkung der Stiefmütterchen-Arten bei. Anerkannt ist die unterstützende Wirkung bei trockener und schuppiger Haut und leichten Hauterkrankungen.

Stiefmütterchen lassen sich frisch als Teezubereitung oder als getrocknete Beigabe verwenden.

Brennnessel
Urtica dioica

Die Brennnessel ist reich an Vitamin C, Silikaten und Mineralstoffen wie Kalzium, Kalium, Eisen, Magnesium und Chlorophyll. Innerlich eingenommen, stärkt sie das Immunsystem und regt die Bildung von Kollagen an, welches die Haut strafft. Bei unreiner Haut wirkt sie entzündungshemmend.

Brennnesseln lassen sich frisch als Teezubereitung oder getrocknet als Beigabe verwenden.

Salbei
Lavendel

Gänseblümchen
Bellis perennis

Im blühenden Kraut finden sich Saponine, Flavonoide, Gerb- und Bitterstoffe, Schleimstoffe und etwas ätherisches Öl. Die Blüten als Teezubereitung wirken anregend auf den Hautstoffwechsel und entzündungshemmend.

Gänseblümchen lassen sich frisch als Teezubereitung oder in getrockneter Form als Beigabe verwenden.

Der zitronige Duft von Zitronenmelisse sorgt für gute Laune.

Kamille
Matricaria recutita

Bekannt für ihre entzündungshemmenden und reizlindernden Eigenschaften, eignet sie sich hervorragend zur Herstellung von Auszügen und zum Verwöhnen der Haut.

Um die wertvollen Inhaltsstoffe der Kamille zu bewahren, empfiehlt es sich, einen Ölauszug oder einen Aufguss aus Kamille zuzubereiten.

Pfefferminze
Mentha piperita

Ätherisches Öl, Gerbstoffe und Flavonoide sind die wichtigsten Wirkstoffe der Pfefferminze. Sie findet bei Hautreizungen ihren Einsatz. Der kühlende Effekt von Menthol wirkt sich zudem positiv auf fettige und zur Unreinheit neigende Haut aus.

Frisch als Teezubereitung verwenden.

Lavendel
Lavandula angustifolia

Ein Klassiker ist und bleibt der Lavendel. Seine Wirkung verdanken wir den in ihm enthaltenen ätherischen Ölen. Der krautige Duft wirkt entspannend und beruhigend. Leider hält die wunderschöne blaue Farbe der Blüten der alkalischen Lauge nicht stand, sie verfärbt sich braun.

Auch bei Lavendel empfiehlt es sich, als Basis einen Ölauszug oder einen Tee zuzubereiten.

Ringelblume
Calendula officinalis

Die Ringelblume ist eine der wenigen Pflanzen, die in der Behandlung der Haut sowie in der Kosmetik von sehr großer Bedeutung ist. Sie wirkt durchblutungsfördernd, heilend und entzündungshemmend. Geeignet bei empfindlicher, trockener und wunder Haut.

Frisch als Teezubereitung und als Ölauszug zu verwenden. Die Blüten behalten ihre schöne orangene Farbe in der Seife.

Frischer Salbei kann als Teezubereitung für Seife verwendet werden.

Rosmarin
Rosmarinus officinalis

Der krautige Rosmarinduft ist ein Muntermacher. Rosmarin wirkt durchblutungsfördernd und belebend auf unserer Haut. Die Nadeln werden zur Verwendung klein geschnitten oder pulverisiert nach dem Andicken des Seifenleims beigemengt. Gesteigert wird seine Wirkung durch einen starken Aufguss der Nadeln und die Beigabe von ätherischem Rosmarinöl.

Frisch als Teezubereitung und getrocknet als Beigabe verwenden.

Salbei
Salvia officinalis

Salbei ist eine Pflanze mit Geschichte und großer Wirkung. Er wird aufgrund seiner antimikrobiellen, in hoher Konzentration schweißhemmenden und entzündungshemmenden Eigenschaften mit Erfolg angewendet. Man kann ihn getrocknet zerrieben in den Seifenleim mengen.

Salbei lässt sich sehr gut als Ölauszug und frisch als Teezubereitung verwenden.

Thymian
Thymus vulgaris

Ein vielseitiges Heil- und Gewürzkraut ist der Thymian mit seinen antibakteriellen und entzündungshemmenden Eigenschaften. Er lässt sich sehr gut mit anderen Gewürzkräutern kombinieren.

Thymian kann getrocknet, als Teezubereitung und als Ölauszug für die Seifenherstellung verwendet werden.

Zitronenmelisse
Melissa officinalis

Das zerkleinerte Kraut verleiht einer handgesiedeten Seife eine interessante Optik. Dank der enthaltenen Gerbstoffe wirkt Zitronenmelisse entzündlicher Haut entgegen. Der zitronenähnliche Duft wirkt stimmungsaufhellend und sorgt für gute Laune.

Zitronenmelisse lässt sich frisch als Teezubereitung oder in getrockneter Form als Beigabe verwenden.

Rezepturen selbst berechnen

Es gibt eine Vielzahl an Seifenrezepturen zum Nachmachen und Ausprobieren. Manchmal möchte man jedoch die eine oder andere Zutat weglassen oder ergänzen. Dazu ist es notwendig, die Berechnung des NaOH-Wertes (Natriumhydroxid) in einer Rezeptur zu verstehen. Rezepturen selbst zu berechnen bietet die Möglichkeit, Seife individuell auf die persönlichen Bedürfnisse abzustimmen.

Zunächst gilt es zu entscheiden, wie viel Seife man herstellen und welche Öle man verwenden möchte. Danach werden – den Ölen entsprechend – die für die Verseifung notwendige Menge an Natriumhydroxid (NaOH) und die notwendige Wassermenge errechnet. Dies hört sich komplizierter an als es ist. Es wird nach einfachen Grundregeln vorgegangen.

Jedes Öl benötigt eine gewisse Menge an NaOH, um zu verseifen. So wie jedes Öl seine unterschiedlichen Eigenschaften und Qualitäten besitzt, hat auch jedes Öl eine eigene Verseifungszahl. Diese lässt sich in der Verseifungstabelle dieses Buches (S. 61) finden. Das Internet bietet ebenfalls eine Auswahl an Verseifungstabellen an. Zudem gibt es Seifenrechner für alle, die nicht selbst den NaOH-Wert berechnen wollen.

Das Berechnen der Rohstoffmenge, vor allem des NaOH-Wertes in einer Rezeptur erfordert absolute Genauigkeit. Wenn dieser Wert falsch berechnet wird, kann es zu Hautreizungen und Verbrennungen durch die Seife kommen. Schleicht sich ein Fehler bei der Ölmenge ein, bleibt die Seife zu weich, lässt sich nicht aus der Form lösen und wird schnell ranzig.

Das Öl gibt der Seife ihre Identität.

Eine Beispielrechnung: Mein Ziel ist es, 500 g Seife, die sich aus 250 g Olivenöl, 150 g Kokosfett und 100 g Kakaobutter zusammensetzt, zu sieden. Ich rechne wie folgt und hole mir die Werte für die ausgewählten Öle aus der Verseifungstabelle.

250 g Olivenöl x 0,134 = 33,5 g
150 g Kokosfett x 0,190 = 28,5 g
100 g Kakaobutter x 0,137 = 13,7 g
Gesamte NaOH Menge 75,7 g

Für die oben genannten Fette wird eine Gesamtmenge von 75,7 g NaOH benötigt, um alle Öle und Fette 100 % zu verseifen. Die gesiedete Seife wäre allerdings nicht mild genug und würde unsere Haut austrocknen. Daher sollte entweder die NaOH-Menge reduziert oder der Fettgehalt erhöht werden.

Wird der NaOH-Wert um 4–10 % reduziert, verseifen 4–10 % der Öle nicht und bleiben als Pflege für unsere Haut zurück. Man spricht in diesem Fall von einer Rückfettung.

In unserem Beispiel haben wir eine Menge von 75,7 g NaOH errechnet. Wünsche ich nun eine Seife mit 7 % Rückfettung, rechne ich wie folgt:

75,7 x 0,93 = 70,40 g
7 % Rückfettung
NaOH Menge 70 g

Alternativ ließe sich der NaOH-Wert bei 100 % belassen und die Fettmenge um beispielsweise 7 % erhöhen. Diese Möglichkeit bietet sich an, wenn ich besonders kostbare Öle wie Jojobaöl, Macadamianussöl, Avocadoöl oder selbst gemachte Kräuterauszüge (Mazerate) zum Einsatz bringen möchte. Diese werden erst nachdem der Seifenleim angedickt ist in der gewünschten Menge zugegeben. Bei unserem Beispiel wären es 7 % des Gesamtgewichts der verwendeten Öle und Fette. Diese Variante ist schonender und daher bestens für Kräuterauszüge und kostenintensive Öle und Fette geeignet.

Bienenwachs verströmt wohligen Duft.

In unserem Ausgangsbeispiel bleibt die gesamte NaOH-Menge bei 75 g (100 %).

500 g Fette x 7 % = 35 g Öle für die Rückfettung

Nun ist das Rezept schon fast fertig, die Öle wurden ausgewählt und der notwendige NaOH-Wert errechnet. Es fehlt nur noch die Flüssigkeitsmenge für die Lauge. Diese wird benötigt, um das NaOH darin aufzulösen. Der Richtwert liegt bei 30–35 % des Gesamtgewichtes der verwendeten Öle und Fette.

500 g x 0,30 = 150 g Wasser

Bei Seifenrezepturen mit einem hohen Anteil an festen Fetten empfiehlt es sich, einen höheren Wasseranteil zu berechnen. Einige Rohstoffe wie Honig, Zimt, ätherische Öle oder die Beigabe von Mehlen oder trockenen Zutaten beschleunigen die Spurbildung beziehungsweise das Andicken des Seifenleims. Um diesen Prozess zu verlangsamen, ist es sinnvoll, die Wassermenge auf 35 % zu erhöhen. Je mehr Wasser in der Seife, umso weicher ist diese beim Entformen, der Trocknungsprozess verlängert sich entsprechend.

Prinzipiell kann jedes Wasser für die Seifenherstellung verwendet werden. Die Eigenschaften des Wassers beeinflussen allerdings Qualität und Verseifungsprozess der Seife. Stark kalkhaltiges Wasser kann die Schaumbildung der Seife beeinflussen. In Regionen mit hartem Leitungswasser ist es daher sinnvoll, auf stilles Wasser aus dem Handel zurückzugreifen. Wer einen hauseigenen Brunnen besitzt, kann eigenes Wasser verwenden. Wasser aus einem klaren Gebirgsbach kann Seife aufwerten, ebenso Regenwasser, das besonders weich ist. Hiermit lässt sich wunderbar experimentieren! Anstelle des Wassers können auch kräftige Kräutertees verwendet werden. Wichtig ist hierbei allerdings, dass der Aufguss abgekühlt sein muss, bevor er in das NaOH eingerührt wird, um eine Überhitzung zu vermeiden. Bitte beachten Sie stets die Sicherheitshinweise auf Seite 17.

Wer mit kohlensäurehaltigen Flüssigkeiten experimentieren möchte, sollte diese vorab offen stehen lassen, damit sich die Kohlensäure verflüchtigt. Ich öffne Bier einen Tag, bevor ich siede, und leere es in eine große Schüssel. Mit einem Schneebesen rühre ich gelegentlich um, bis kaum noch Kohlensäure vorhanden ist. Zu viel Kohlensäure kann beim Lösen des NaOH zu einer starken Schaumbildung führen und die Lauge könnte übergehen. Daher ist es als Sicherheitsmaßnahme wichtig, die Laugenschüssel in ein größeres Gefäß zu stellen, um für den Notfall gewappnet zu sein.

Der marmorierte Seifenblock muss nur noch in Stücke geschnitten werden.

Eigene Rezepturen lassen sich ganz auf die individuellen Bedürfnisse abstimmen.

Verseifungstabelle

Fett/Öl	Wert
Aprikosenöl	0,135
Avocadoöl	0,133
Bienenwachs	0,069
Carnaubawachs	0,069
Erdnussöl	0,136
Distelöl	0,136
Hanföl	0,137
Haselnussöl	0,136
Jojobaöl	0,069
Kakaobutter	0,137
Kokosöl	0,190
Kürbiskernöl	0,135
Leinsamenöl	0,136
Macadamianussöl	0,139
Maisöl	0,136
Mandelöl	0,136
Mangobutter	0,133
Margarine	0,136
Mohnöl	0,138
Nachtkerzenöl	0,136
Olivenöl	0,134
Palmkernfett	0,156
Palmöl	0,141
Pflanzenöl/Fett	0,136
Rapsöl	0,124
Reisöl	0,128
Rizinusöl	0,128
Sesamöl	0,133
Sheabutter	0,128
Sojaöl	0,135
Sonnenblumenöl	0,134
Traubenkernöl	0,135
Walnussöl	0,136
Weizenkeimöl	0,132

Kreative Techniken

Wer die Grundtechnik des Seifensiedens beherrscht, möchte meist auch beim Aussehen der Seife kreativ werden. Dazu gibt es viele Möglichkeiten. Am wichtigsten: Experimentieren Sie! Einige Techniken sind einfacher, andere schwieriger. Nicht aufgeben, wenn es nicht beim ersten Mal klappt, denn ein gelungenes Ergebnis ist seine Mühe auf jeden Fall auch wert.

Marmorieren

Das Marmorieren ist eine einfache Gestaltungstechnik, die mich bis heute fasziniert. Nach dem Abwiegen und Schmelzen der Öle und Fette die Lauge herstellen und abkühlen lassen, Duft- und Farbstoffe bereitstellen. Ein weiteres Gefäß zum Eingießen für den farbigen Seifenleim sollte griffbereit stehen. Zum Marmorieren werden mindestens eine Farbe und ein Holzstab benötigt. Wer die Technik beherrscht, kann auch mehrere Farben verwenden. Sobald die Seife eine leichte Spur bildet, werden die Duftstoffe untergerührt. Nun gießt man 1/3 des Seifenleims in das zusätzliche Gefäß und fügt den Farbstoff hinzu, beides rasch vermengen. Die restlichen 2/3 des Seifenleims werden in die Form gegossen, der gefärbte Teil danach der Länge nach (von einer Seite der Form zur anderen) und diagonal eingegossen. Nun wird der Holzstab bis zum Boden der Seifenform geführt und von oben nach unten ebenso wie von links nach rechts gezogen.

Die Schwierigkeit dieser Technik liegt nicht beim Eingießen und Marmorieren, sondern darin, den exakten Zeitpunkt zu erwischen. Seifensieden ist ein chemischer Prozess, der – einmal in Gang gesetzt – nicht mehr zu stoppen ist. Sobald die Seife zu stark angedickt ist, lassen sich die farbigen Seifenschichten nicht mehr verteilen.

Frische Seifen können mit Stempeln individuell dekoriert werden.

Der Beginn der Reifephase ist der richtige Zeitpunkt für das Stempeln von Seifen.

Vergolden

Blattgold verleiht einer Seife einen Hauch Luxus. Auf diese Weise lässt sich ganz einfach ein edles Geschenk gestalten. Der Handel bietet einzelne Blätter oder Flocken an. Blätter aus Gold werden auf die fertig ausgereifte Seife gedrückt, Goldflocken können vor dem Eingießen in der Form platziert werden. Achtung: Bereits ein kleiner Windhauch kann das Gold fortwehen. Analog zum Gold lässt sich auch Silber verwenden.

Blütendekoration

Gepresste und getrocknete Blüten oder Blätter sind ein dekorativer Hingucker auf jeder Seife. Hierfür werden ein ausgereiftes Seifenstück, weißes Bienenwachs und die gewünschten Blüten benötigt. Einfach die gewünschte Stelle befeuchten und die Blüten auf die Seife drücken. Dann das Bienenwachs schmelzen und vorsichtig darüber pinseln.

Schichten

Eine meiner Lieblingstechniken ist das Schichtengießen, da es einfach und wirkungsvoll ist. Bei dieser Technik ist wichtig, dass der Seifenleim nicht mehr zu flüssig ist, damit sich die Schichten nicht vermengen. Das Schichten ist insofern das Gegenteil der Marmorier-Technik.

Das Marmorieren ist eine wunderschöne Technik mit mehreren Farben.

Die Seife wird mit den gewünschten Duft- und Farbstoffen zubereitet und ein zusätzliches Gefäß zum Eingießen bereitgestellt. Sobald die Seife eine Spur bildet, das ätherische Öl unterrühren und die Menge in zwei Teile teilen. Einen Teil belassen, wie er ist, den zweiten Teil mit Farbe gut vermischt. Nun den ersten Teil in die Form gießen und den bunten Teil vorsichtig darübergießen, am besten über einen Kunststoffspachtel.

Stempeln

Im Internet gibt es ein vielfältiges Angebot an Stempeln, die einer Seife eine persönliche Note verleihen können. Geeignet sind Materialien aus Kunststoff, Holz oder Gummi. Die Seife darf nicht zu weich, aber auch nicht ausgehärtet sein, wenn das gewünschte Motiv in die Oberfläche gedrückt wird.

Bunte Seifenreste

Hierfür werden Reste oder Seifenstücke, die schon zu klein und unhandlich sind, im Topf gesammelt und in kleine Formen gegossen. Wenn genügend bunte Stücke vorhanden sind, werden diese klein geschnitten oder geraspelt und können, nachdem sich eine Spur gebildet hat, in einen neuen Seifenguss eingearbeitet werden.

Seifenkugeln

Kugeln ergeben ein wunderschönes Geschenk und sind einfach herzustellen. Sie können entweder aus Seifenresten recycelt werden oder man gießt vorab einen Seifenblock ohne Duft und ohne Blüten. Es ist eine Technik, die es erlaubt, auch mit Kindern kreativ zu arbeiten. Wenn der Seifenblock ausgereift ist, wird ein Stück davon fein geraspelt. Den gewünschten Duft hinzufügen (tropfenweise je nach Größe der Kugel beimengen, bis die gewünschte Duftintensität erreicht ist). Die Seifenspäne durchkneten und zu einer Kugel formen. Falls die Seifenmasse zu trocken ist, können tropfenweise etwas Öl oder Wasser zugefügt werden. Nun werden die Kugeln in Blüten oder Kräutern gewälzt, passend zum gewählten ätherischen Öl: also beispielsweise Lavendelöl mit Lavendelblüten. Sollten die Blüten nicht an der Seifenoberfläche haften, diese vorab mit wenig Wasser befeuchten. Die fertigen Kugeln ein paar Tage durchtrocknen lassen.

Seifensieden Schritt für Schritt

Die meisten Hobby-Seifensieder arbeiten in ihrer Küche. Bevor es losgeht, sollte die Arbeitsfläche mit einer Folie (ein aufgeschnittener Müllsack oder ein Kunststofftischtuch) abgedeckt werden, denn Spritzer der Lauge können die Arbeitsfläche auf Dauer beschädigen. Eine griffbereite Flasche Essig neutralisiert Seifenleim oder Laugenspritzer und selbstverständlich müssen alle Sicherheitsmaßnahmen beachtet werden. Wichtig sind auch Zeit und Ruhe. Kinder und Haustiere haben beim Seifensieden keinen Platz.

Formen

Seifenformen, soweit nicht aus Silikon, mit Öl einpinseln oder mit Butterbrotpapier auslegen. Zuschnitte aus Butterbrotpapier oder Frischhaltefolie vorbereiten. Sie decken die eingegossene Seife später ab.

Zubereitung der Lauge

Wasser (bzw. abgekühlten Tee oder Kaffee) in einem passenden Gefäß (aus Kunststoff oder Glas) mit Schnabel abmessen. Gummispachtel zum Umrühren griffbereit halten.

Feste Haushaltshandschuhe, Schutzbrille, Atemschutz und Schürze anlegen. Diese unbedingt tragen, bis der Seifenleim in der Form ist und alle Arbeitsgeräte gereinigt sind. Nun für gute Lüftung im Raum sorgen und das NaOH in einem Plastikgefäß abwiegen. Hierbei sollte so wenig Staub wie möglich erzeugt werden. Falls sich doch Feinstaub bildet, nicht einatmen. Etwaige verschüttete Kristalle müssen umgehend von der Arbeitsfläche entfernt werden.

Das NaOH-Gefäß sorgfältig verschließen, denn Ätznatron ist wasseranziehend.

Nun das NaOH in das vorbereitete Wasser leeren (niemals umgekehrt!) und unter langsamem Rühren lösen **(1)**. In diesem Prozess erwärmt sich das Wasser auf 80–100 °C, es entstehen giftige Dämpfe, die keinesfalls eingeatmet werden dürfen. Nach 2–3 Minuten wird die Flüssigkeit wieder klar. Am Boden sollten keine ungelösten Kristalle mehr sichtbar sein. Bei Unsicherheit kann die Lauge abgeseiht werden. Die Lauge auskühlen lassen, zum Beispiel im Spülbecken. Zum Beschleunigen kann das Laugengefäß auch in ein kaltes Wasserbad gestellt werden.

Zubereitung der Basisfette

Während die Lauge abkühlt, werden die festen Fette der Rezeptur abgewogen und langsam bei niedriger Temperatur und gelegentlichem Umrühren geschmolzen.

1

2

3

4

5

6

Den Topf vom Herd nehmen und die abgewogenen, flüssigen Öle den bereits geschmolzenen Fetten unterrühren.

Die Temperatur der Lauge und der Basisöle kontrollieren. Die angestrebte Temperatur des Vermengens sollte zwischen 36–45 °C betragen. Das ist etwa handwarm (2).

Die Lauge wird in die Basisfettmischung gegeben. Niemals umgekehrt!

Weitere Zutaten

Während Basisfette und Lauge abkühlen, werden je nach Wunsch und Rezeptur Duft-, Farb- und Füllstoffe abgewogen. Sie sollten, sobald der Seifenleim eine Spur bildet, zum Einsatz bereitstehen.

Seifenherstellung

Wenn Basisfette und Lauge die gleiche Temperatur erreicht haben, wird die Lauge vorsichtig (Spritzer vermeiden) in die Basisfettmischung geleert (niemals umgekehrt!) und mit einem Schneebesen gut verrührt (3). Den Seifenleim in Bewegung halten, bis sich die Lauge gut verbunden hat. Nun kommt der Stabmixer zum Einsatz (4). Er sollte immer tief genug in den Seifenleim gehalten werden, um Spritzer zu vermeiden. Die Motoren von Stabmixern sind nicht stark genug, um lange Zeit durchgehend zu laufen, den Stab also zwischendurch ausschalten und mit der Hand weiterrühren. Der Seifenleim wird etwas heller und verändert seine Konsistenz. Er ist fertig, wenn sich eine Spur an seiner Oberfläche bildet. Wenn beim Herausheben des Stabmixers die heruntertropfende Masse auf der Oberfläche sichtbar als Spur zurückbleibt, die ätherischen Öle, Farb- und Füllstoffe hinzufügen (5). Rasches Arbeiten ist angesagt, denn der Seifenleim dickt nach der Spurbildung schnell an.

Seife in Formen gießen

Die Rohseife in die vorbereitete Form gießen und mit Frischhaltefolie abdecken, um die Bildung von Sodaasche zu umgehen (6). Die Form mit alten Handtüchern zudecken und isolieren.

Reinigen der Arbeitsgeräte

Vor dem Reinigen alle Arbeitsgeräte gründlich mit Küchenrolle abwischen, um eine starke Verschmutzung der Spüle mit Seifenleim zu vermeiden.

1000 ROSEN Seife
300 g Distel Öl
200 g Rapsöl
500 g Kokosfett
90 g Mangobutter
330 g Wasser
160 g NaOH
35 g ätherisches Geraniumöl
Rosenknospen
t und Mangobutter langsam schmelzen, im Anschluss Distel-, und Rapsöl beimengen.
Ätznatron abwiegen und im Wasser lösen.
Während des Abkühlens der Öle und der Lauge, das Geraniumöl abwiegen.
Basis Öle und die Lauge eine ungefähre Temperatur von 40 - 45 C° erreicht haben.
e Lauge in die Basis Öle gießen und gut mit dem Stabmixer verrühren.
Die Rohseife mixen bis sich eine Spur bildet. Geraniumöl unterrühren.
Die Rohseife in die vorbereiteten Formen gießen.
lerbar duftend ist die klassische Rosenseife. Geraniumöl erset echtes Rosenöl
h ist und gleichwertig nach Rosen duftet. Es hat entzü hemmende, ant
bakterielle und reinigende Wirkung.
r ist es sehr hautfreundlich und für alle Haut
ird die 1000 Rosen Seife nach dem Entfo
Ein wahrer Blickfang und exklusiv

Seifenrezepte

Die Haut ist unser größtes, vielseitigstes Organ und unsere Schutzschicht vor der Außenwelt. Jede Haut hat individuelle Bedürfnisse, die folgenden Rezepturen sind auf sie abgestimmt.

Salzseife

9 % rückfettend

450 g Kokosfett
50 g Bienenwachs
500 g Olivenöl
142 g NaOH
320 g Wasser
70 g Natursalz
20 g ätherisches Lavendelöl
20 g ätherisches Salbeiöl
30 g rosa Tonerde

1. Kokosfett und Bienenwachs langsam schmelzen, im Anschluss das Olivenöl beimengen.

2. Ätznatron abwiegen und im Wasser lösen.

3. Während des Abkühlens der Öle und der Lauge das Natursalz, die ätherischen Öle und die rosa Tonerde abwiegen. Sobald die Basisöle und die Lauge eine Temperatur von 40–45 °C erreicht haben, die Lauge in die Basisöle gießen und gut mit dem Stabmixer verrühren. Die Rohseife mixen, bis sich eine Spur bildet. Das Natursalz, die rosa Tonerde und die ätherischen Öle unterrühren. In die vorbereitete Form gießen, mit Frischhaltefolie abdecken und mit alten Handtüchern isolieren.

Salbeiöl und Lavendelöl wirken antibakteriell und entzündungshemmend, Lavendelöl beruhigend.

Salzseifen sind ein Klassiker in der Hautpflege, sie wirken antibakteriell, regen die Hautheilung an und regulieren den Feuchtigkeitsgehalt der Haut. Daher sind sie bestens geeignet bei Neurodermitis, Allergien und unreiner Haut.

Wacholderbeerseife

vegan, 7 % rückfettend

400 g Kokosfett
100 g Kakaobutter
250 g Olivenöl
250 g Sonnenblumenöl
157 g NaOH

350 g Wasser
5 g Indigo-Pulver
40 g ätherisches Wacholderbeeröl
70 g Sheabutter

1. Kokosfett und Kakaobutter langsam schmelzen, im Anschluss das Olivenöl sowie das Sonnenblumenöl beimengen.

2. Ätznatron abwiegen und im Wasser lösen.

3. Während des Abkühlens der Öle und der Lauge das Indigo-Pulver und das ätherische Wacholderbeeröl abwiegen. Sheabutter schmelzen und auf Zimmertemperatur abkühlen lassen. Wenn die Basisöle und die Lauge eine Temperatur von 40–45 °C erreicht haben, die Lauge in die Basisöle gießen und gut mit dem Stabmixer verrühren. Die Rohseife mixen, bis sich eine Spur bildet. Sheabutter, Indigo-Pulver und Wacholderbeeröl unterrühren und alles in die vorbereitete Form gießen, mit Frischhaltefolie abdecken und mit alten Handtüchern isolieren.

Sheabutter enthält unverseifbare Stoffe und ist eine reichhaltige Pflege für beanspruchte Haut.

Wacholderbeeröl duftet aromatisch-fruchtig und ist für seine wärmende, antiseptische Wirkung bekannt. Es wird bei stark fettender Haut und Hautunreinheiten wegen seiner reinigenden und desinfizierenden Wirkung eingesetzt.

Lemon-Mint-Seife

9 % rückfettend

350 g Kokosfett
125 g Kakaobutter
25 g Bienenwachs
500 g Olivenöl
139 g NaOH
350 g Wasser

20 g ätherisches Zitronengrasöl
10 g ätherisches Pfefferminzöl
10 g grüne Tonerde
10 g Kurkuma
5 g getrocknete, fein vermahlene Kräuter

1. Kokosfett, Kakaobutter und Bienenwachs langsam schmelzen, im Anschluss das Olivenöl beimengen.

2. Ätznatron abwiegen und im Wasser lösen.

3. Während des Abkühlens der Öle und der Lauge die ätherischen Öle, die Tonerde, das Kurkuma und die getrockneten Kräuter abwiegen.

4. Wenn die Basisöle und die Lauge eine Temperatur von etwa 40–45 °C erreicht haben, die Lauge in die Basisöle gießen und alles gut mit dem Stabmixer verrühren. Die Rohseife mixen, bis sich eine Spur bildet, und dann den Seifenleim dritteln. Ein Drittel der Rohseife bleibt wie sie ist, den zweiten Teil mit Kurkuma vermengen, den dritten Teil mit der grünen Tonerde und den getrockneten Kräutern vermengen. Nun muss rasch gearbeitet werden, damit die Seife nicht zu stark andickt. In Schichten abwechselnd links und rechts in die vorbereitete Form gießen, mit Frischhaltefolie abdecken und mit alten Handtüchern isolieren.

Zitronengrasöl wirkt reinigend und straffend. In der Kombination mit Minze, die einen kühlenden Effekt hat, sorgt es für gute Laune und wirkt stimmungsaufhellend. Kakaobutter spendet viel Feuchtigkeit und Pflege bei trockener und beanspruchter Haut.

Wildrosenseife

vegan, 8 % rückfettend

400 g Kokosfett
100 g Palmfett (biologisch & Fair Trade)
50 g Kakaobutter
450 g Sonnenblumenöl
159 g NaOH

350 g Wasser
40 g frische Hagebutten
80 g kalt gepresstes Wildrosenöl (kein Duft)
40 g ätherisches Palmarosaöl

1. Kokosfett, Palmfett und Kakaobutter langsam schmelzen, im Anschluss Sonnenblumenöl beimengen.

2. Ätznatron abwiegen und im Wasser lösen.

3. Während des Abkühlens der Öle und der Lauge die Hagebutten halbieren, entkernen und schneiden. Wildrosenöl und Palmarosaöl abwiegen.

4. Wenn die Basisöle und die Lauge eine Temperatur von 40–45 °C erreicht haben, die Lauge in die Basisöle gießen und gut mit dem Stabmixer verrühren. Die Rohseife mixen, bis sich eine Spur bildet. Rasch das Wildrosen- und Palmarosaöl unterrühren. Zwei Drittel der Rohseife bleibt wie sie ist, ein Drittel mit den Hagebutten vermengen. Rasch in Schichten in die vorbereitete Form gießen, mit Frischhaltefolie abdecken und mit alten Handtüchern isolieren.

Palmarosa ist mild, hautpflegend und unterstützt bei leichten Irritationen die Regeneration der Haut. Wildrosenöl ist reich an Vitamin A und ungesättigten Fettsäuren, die der Hautalterung entgegenwirken.

Hanfölseife

8 % rückfettend

450 g Kokosfett
50 g Bienenwachs
500 g Olivenöl
156 g NaOH
320 g Wasser

80 g Hanföl
10 g fein geschrotete Hanfsaat
10 g fein vermahlene getrocknete Kräuter
30 g grüne Tonerde
35 g ätherisches Nardenöl

1. Kokosfett und Bienenwachs langsam schmelzen, im Anschluss das Olivenöl beimengen.

2. Ätznatron abwiegen und im Wasser lösen.

3. Während des Abkühlens der Öle und der Lauge das Hanföl, die Hanfsaat und die getrockneten Kräuter abwiegen. Die grüne Tonerde in zwei Schüsseln mit je 15 g bereitstellen.

4. Sobald die Basisöle und die Lauge Temperatur von etwa 40–45 °C erreicht haben, die Lauge in die Basisöle gießen und gut mit dem Stabmixer verrühren. Die Rohseife mixen, bis sich eine Spur bildet. Nun das Hanföl, 15 g grüne Tonerde und das Nardenöl beimengen. Die Rohseife halbieren. Ein Teil bleibt wie er ist. In den zweiten Teil die weiteren 15 g grüne Tonerde und die geschrotete Hanfsaat mengen.

5. Den dunkleren Teil rasch in die vorbereitete Form eingießen und mit den vermahlenen Kräutern bedecken. Den zweiten, helleren Teil vorsichtig (über einen Plastikspachtel) in die Form gießen, mit Frischhaltefolie abdecken und mit alten Handtüchern isolieren.

Das ätherische Nardenöl wirkt besonders hautpflegend und eignet sich für die Pflege von reifer Haut. Speziell empfindliche Haut profitiert von der heilenden Wirkung von Hanföl. Es wirkt beruhigend und hilft bei Neurodermitis.

Ascheseife

vegan, 9% rückfettend

500 g Kokosfett
90 g Mangobutter
300 g Distelöl
200 g Rapsöl
157 g NaOH

330 g Wasser
1 TL Kohle
10 g fein gesiebte Asche
40 g ätherisches Majoranöl

1. Kokosfett und Mangobutter langsam schmelzen, im Anschluss Distel- und Rapsöl beimengen.

2. Das Ätznatron abwiegen und im Wasser lösen. Während des Abkühlens der Öle und der Lauge die Kohle, Asche und das ätherische Öl abwiegen.

3. Sobald die Basisöle und die Lauge eine Temperatur von etwa 40–45 °C erreicht haben, die Lauge in die Basisöle gießen und gut mit dem Stabmixer verrühren. Die Rohseife mixen, bis sich eine Spur bildet. Das ätherische Majoranöl unterrühren. Den Seifenleim dritteln, dabei zügig arbeiten, denn die Rohseife dickt nun rasch an. Ein Teil bleibt wie er ist. In den zweiten Teil die Asche unterrühren, in den dritten Teil die Kohle. In Schichten in die vorbereitete Form gießen. Mit dem schwarzen Seifenleim beginnen, es folgt der graue und schließlich der weiße Seifenleim. Zuletzt die Rohseife mit Frischhaltefolie abdecken und mit alten Handtüchern isolieren.

Asche ist reich an Mineralstoffen und ein wunderbares, mildes Hautreinigungsmittel. Sie peelt sanft, die Mangobutter wirkt feuchtigkeitsspendend und pflegt trockene und empfindliche Haut. Ätherisches Majoranöl wirkt antibakteriell.

Wer einen Kamin besitzt, kann Asche hervorragend zur Hautpflege verwenden. Dabei sollte auf gute Holzqualität (Buche, Birke, Tanne, Linde) geachtet und die verbleibende Asche mehrmals durchgesiebt werden.

Salbeiseife

vegan, 7 % rückfettend

400 g Kokosfett
100 g Palmfett (biologisch & Fair Trade)
50 g Kakaobutter
450 g Sonnenblumenöl
159 g NaOH

350 g Wasser
20 g grüne Tonerde
10 g Kohle
70 g Salbei-Thymian-Ölauszug
20 g ätherisches Salbeiöl
15 g ätherisches Thymianöl

1. Kokosfett, Palmfett und Kakaobutter langsam schmelzen, im Anschluss Sonnenblumenöl beimengen.

2. Ätznatron abwiegen und im Wasser lösen. Während des Abkühlens der Öle und der Lauge die grüne Tonerde, Kohle, den Salbei-Thymian-Ölauszug (siehe Ölauszüge, S. 50) und die beiden ätherischen Öle abwiegen.

3. Sobald Basisöle und Lauge eine Temperatur von 40–45 °C erreicht haben, die Lauge in die Basisöle gießen und gut mit dem Stabmixer verrühren. Die Rohseife mixen, bis sich eine Spur bildet. Den Salbei-Thymian-Ölauszug und die ätherischen Öle rasch unterrühren und die Seifenmasse dritteln. Ein Drittel der Rohseife bleibt wie sie ist. Den zweiten Teil der Rohseife mit der grünen Tonerde vermengen und das letzte Drittel mit der Kohle vermischen. Rasch in Schichten in die vorbereitete Form gießen, mit Frischhaltefolie abdecken und mit alten Handtüchern isolieren.

Schokoladenseife

vegan, 6% rückfettend

500 g Kokosfett
90 g Mangobutter
300 g Distelöl
200 g Rapsöl
162 g NaOH

330 g Wasser
50 g Schokolade
30 g Lavaerde
40 g ätherische Bittermandelöl-Mischung

1. Kokosfett und Mangobutter langsam schmelzen, im Anschluss Distel- und Rapsöl beimengen.

2. Ätznatron abwiegen und im Wasser lösen.

3. Während des Abkühlens der Öle und der Lauge die Schokolade abwiegen und über dem Wasserbad schmelzen. Lavaerde und ätherische Ölmischung abwiegen.

4. Sobald die Basisöle und die Lauge eine Temperatur von 40–45 °C erreicht haben, die Lauge in die Basisöle gießen und gut mit dem Stabmixer verrühren. Die Rohseife mixen, bis sich eine Spur bildet. Ätherisches Öl unterrühren. Den Seifenleim dritteln. Zügig arbeiten, denn die Rohseife dickt nun rasch an. Ein Drittel bleibt wie es ist, ins zweite Drittel die Schokolade unterrühren, ins dritte die Lavaerde.

5. Den ersten, hellen Teil der Rohseife eingießen. Seifenform kurz auf den Tisch klopfen, um eine gerade Fläche zu erhalten. Die Schokoladenmischung vorsichtig über einen Plastikspachtel auf die erste Schicht gießen und wieder vorsichtig die Form klopfen. Diesen Vorgang mit der Lavaerde-Mischung wiederholen. Die Rohseife mit Frischhaltefolie abdecken und mit alten Handtüchern isolieren.

Melissenseife

8 % rückfettend

400 g Kokosfett
100 g Kakaobutter
250 g Olivenöl
250 g Sonnenblumenöl
144 g NaOH

320 g kräftiger Melissenaufguss
30 g ätherisches Citronellaöl
10 g fein vermahlene Melisse
1 TL pulverisierte Spirulinatabletten

1. Kokosfett und Kakaobutter langsam schmelzen, im Anschluss das Olivenöl sowie das Sonnenblumenöl beimengen.

2. Ätznatron abwiegen und im ausgekühlten Melissenaufguss lösen.

3. Während des Abkühlens der Öle und der Lauge das ätherische Öl, die getrocknete Melisse sowie die pulverisierten Spirulinatabletten abwiegen.

4. Wenn die Basisöle und die Lauge eine Temperatur von etwa 40–45 °C erreicht haben, die Lauge in die Basisöle gießen und alles gut mit dem Stabmixer verrühren. Die Rohseife mixen, bis sich eine Spur bildet. Ätherisches Öl unterrühren. Den Seifenleim halbieren. Zügig arbeiten, denn die Rohseife dickt nun rasch an. Ein Teil bleibt wie er ist. In den zweiten Teil die getrocknete Melisse und Spirulina rühren.

5. Den ersten Teil in die Seifenform gießen und die Form auf den Tisch klopfen. Den zweiten Teil vorsichtig über einen Plastikspachtel auf die erste Schicht gießen und noch einmal vorsichtig die Form auf den Tisch klopfen, um eine gerade Fläche zu erhalten. Die Rohseife mit Frischhaltefolie abdecken und mit alten Handtüchern isolieren.

Citronellaöl neutralisiert Gerüche, daher ist es besonders als Haushaltsseife nach Küchenarbeit geeignet. Melisse wirkt hautberuhigend, antibakteriell und hat sich bei zu Unreinheiten neigender Haut bestens bewährt.

Lavaerdeseife

vegan, 9 % rückfettend

400 g Kokosfett
600 g Olivenöl
142 g NaOH

320 g Wasser
20 g Lavaerde
20 g ätherisches Patchouliöl
10 g ätherisches Ylang-Ylang-Öl

1. Kokosfett langsam schmelzen, im Anschluss das Olivenöl beimengen.

2. Ätznatron abwiegen und im Wasser lösen.

3. Während des Abkühlens der Öle und der Lauge die Lavaerde und die ätherischen Öle abwiegen.

4. Wenn die Basisöle und die Lauge eine Temperatur von etwa 40–45 °C erreicht haben, die Lauge in die Basisöle gießen und alles gut mit dem Stabmixer verrühren. Die Rohseife mixen, bis sich eine Spur bildet. Ätherische Öle unterrühren. Den Seifenleim halbieren. Zügig arbeiten, denn die Rohseife dickt nun rasch an. Ein Teil bleibt wie er ist. In den zweiten Teil die Lavaerde rühren. Die Hälfte des ersten Teiles eingießen. Seifenform kurz auf den Tisch klopfen, dann den Seifenleim mit Lavaerde vorsichtig über einen Plastikspachtel auf die erste Schicht gießen. Nun die restliche Hälfte des ersten Teiles als Abschluss in die Form gießen, mit Frischhaltefolie abdecken und mit alten Handtüchern isolieren.

Das Patchouliöl duftet erdig und holzig. Es wirkt wundheilend, antiseptisch und hautpflegend und ist besonders hilfreich bei rissiger und trockener Haut. Ylang-Ylang-Öl duftet blumig, spendet Feuchtigkeit und wirkt ausgleichend.

Lavaerde ist eine wunderbare, milde Wascherde, die für alle Hauttypen gut verträglich ist.

Eine nach dem Schneiden durch die Seife gezogene Kordel kann zum Aufhängen in der Dusche verwendet werden.

Kräuterseife

8 % rückfettend

350 g Kokosfett
125 g Kakaobutter
25 g Bienenwachs
500 g Olivenöl
140 g NaOH
320 g kräftiger Kräuteraufguss nach Wahl
10 g ätherisches Rosmarinöl
10 g ätherisches Pfefferminzöl
10 g ätherisches Salbeiöl
5 g getrocknete Kräuter (z. B. Melisse, Minze, Rosmarin)
80 g Kräuter-Ölauszug nach Wahl
2 TL pulverisierte Spirulinatabletten

1. Für diese Seife wird vorab ein Kräuter-Ölauszug nach Wahl vorbereitet (siehe Ölauszüge, S. 50).

2. Kokosfett, Kakaobutter und Bienenwachs langsam schmelzen, im Anschluss das Olivenöl beimengen.

3. Ätznatron abwiegen und im abgekühlten Kräuteraufguss lösen.

4. Während des Abkühlens der Öle und der Lauge die ätherischen Öle, die getrockneten Kräuter, den Kräuter-Ölauszug und die pulverisierten Spirulinatabletten abwiegen.

5. Wenn die Basisöle und die Lauge eine Temperatur von etwa 40–45 °C erreicht haben, die Lauge in die Basisöle gießen und alles gut mit dem Stabmixer verrühren. Die Rohseife mixen, bis sich eine Spur bildet. Ätherische Öle, Ölauszug, Kräuter und pulverisiertes Spirulina unterrühren. Die Rohseife in vorbereitete Formen gießen, mit Frischhaltefolie abdecken und mit alten Handtüchern isolieren.

Durch den Kräuteraufguss werden die wasserlöslichen Inhaltsstoffe der Kräuter ausgezogen, durch den Ölauszug die öllöslichen Inhaltsstoffe. Hinzu kommt eine Vielzahl an Inhaltsstoffen, die unserer Haut Gutes tun!

Kokosmilchseife

vegan, 10 % rückfettend

1000 g Olivenöl
121 g NaOH
320 g Wasser

20 g ätherisches Bergamottöl
15 g ätherisches Geranienöl
30 g Kokosraspel
100 g Kokosmilch

1. Olivenöl abwiegen und langsam auf eine Temperatur von 40–45 °C erwärmen.

2. Ätznatron abwiegen und im Wasser lösen.

3. Während des Abkühlens des Olivenöls und der Lauge die ätherischen Öle, Kokosraspel und Kokosmilch abwiegen.

4. Wenn das Olivenöl und die Lauge eine Temperatur von etwa 40–45 °C erreicht haben, die Lauge in das Olivenöl gießen und alles gut mit dem Stabmixer verrühren. Die Rohseife mixen, bis sich eine Spur bildet. Kokosmilch, Kokosraspel und ätherische Öle unterrühren. Die Rohseife vorsichtig in die vorbereitete Form gießen, mit Frischhaltefolie abdecken und mit alten Handtüchern isolieren.

Geranienöl hat antibakterielle und straffende Eigenschaften, es verzögert die Hautalterung. Bergamottöl verstärkt diese Wirkung.

Milchseifen geben ein Gefühl von Luxus! Das in der Kokosmilch enthaltene Fett wirkt besonders pflegend auf unserer Haut, während die beigemengten Kokosraspel für ein sanftes Peeling sorgen. Die ätherischen Öle duften herrlich blumig und zitronig.

Tonerdenseife

vegan, 9% rückfettend

400 g Kokosfett
300 g Olivenöl
300 g Sonnenblumenöl
142 g NaOH
320 g Wasser

20 g ätherisches Litsea-Cubeba-Öl
15 g ätherisches Palmarosaöl
10 g weiße Tonerde
10 g grüne Tonerde
10 g rosa Tonerde
5 g getrocknete Kräuter

1. Kokosfett langsam schmelzen, im Anschluss das Olivenöl sowie das Sonnenblumenöl beimengen.

2. Ätznatron abwiegen und im Wasser lösen.

3. Während des Abkühlens der Öle und der Lauge die ätherischen Öle, die Tonerden und die getrockneten Kräuter abwiegen.

4. Wenn die Basisöle und die Lauge eine Temperatur von etwa 40–45 °C erreicht haben, die Lauge in die Basisöle gießen und alles gut mit dem Stabmixer verrühren. Die Rohseife mixen, bis sich eine Spur bildet. Ätherische Öle unterrühren. Den Seifenleim dritteln. Zügig arbeiten, denn die Rohseife dickt nun rasch an. In einen Teil die weiße Tonerde rühren, in den zweiten die rosa Tonerde, in den dritten die grüne Tonerde und die Kräuter.

5. Den ersten Teil in die vorbereitete Seifenform eingießen. Die Seifenform kurz auf den Tisch klopfen. Den zweiten Teil vorsichtig über einen Plastikspachtel auf die erste Schicht gießen, klopfen. Diesen Vorgang mit dem dritten Teil wiederholen. Die Rohseife mit Frischhaltefolie abdecken und mit alten Handtüchern isolieren.

Palmarosaöl ist hautpflegend und kurbelt die Zellregeneration der Haut an. Das nach Zitrusfrüchten duftende Litsea-Cubeba-Öl wirkt stimmungsaufhellend, antibakteriell und entzündungshemmend. Eine ideale Kombination, die für gute Laune sorgt!

Weihrauchseife

9 % rückfettend

450 g Kokosfett
50 g Bienenwachs
500 g Olivenöl
142 g NaOH
320 g Wasser

100 g Heilschlamm (alternativ Heilerde, hiermit wird die Farbe aber nicht so dunkel)
15 g ätherisches Weihrauchöl
15 g ätherisches Myrrheöl
Blattgold

1. Kokosfett und Bienenwachs langsam schmelzen, im Anschluss das Olivenöl beimengen.

2. Ätznatron abwiegen und im Wasser lösen. Während des Abkühlens der Öle und der Lauge den Heilschlamm und die ätherischen Öle abwiegen.

3. Wenn die Basisöle und die Lauge eine Temperatur von etwa 40–45 °C erreicht haben, die Lauge in die Basisöle gießen und alles gut mit dem Stabmixer verrühren. Die Rohseife mixen, bis sich eine Spur bildet. Nun den Heilschlamm und die ätherischen Öle gut unterrühren. Die Rohseife in die vorbereiteten Formen gießen, mit Frischhaltefolie abdecken und mit alten Handtüchern isolieren. Nach dem Entformen der Seife vereinzelt Blattgold mit einem Pinsel auftragen.

Besonders luxuriös ist eine Seife mit kostbarem Weihrauch- und Myrrheöl, die mit Hand vergoldet wurde.

Heilschlamm ist angereichert mit wertvollen Mineralstoffen und Spurenelementen, die vitalisierend und durchblutungsfördernd auf die Haut wirken. Das ätherische Weihrauchöl ist besonders hautpflegend, beruhigend und hautglättend.

1000-Rosen-Seife

vegan, 7 % rückfettend

400 g Kokosfett
100 g Kakaobutter
500 g Sonnenblumenöl
146 g NaOH
330 g Wasser
35 g ätherisches Geranienöl
Rosenknospen

1. Kokosfett und Kakaobutter langsam schmelzen, im Anschluss das Sonnenblumenöl beimengen.

2. Ätznatron abwiegen und im Wasser lösen.

3. Während des Abkühlens der Öle und der Lauge das Geranienöl abwiegen.

4. Wenn die Basisöle und die Lauge eine Temperatur von etwa 40–45 °C erreicht haben, die Lauge in die Basisöle gießen und alles gut mit dem Stabmixer verrühren. Die Rohseife mixen, bis sich eine Spur bildet. Geranienöl unterrühren. Die Rohseife in die vorbereiteten Formen gießen, mit Frischhaltefolie abdecken und mit alten Handtüchern isolieren.

5. Klassisch in Weiß wird die 1000-Rosen-Seife nach dem Entformen mit Rosenknospen dekoriert. Ein wahrer Blickfang und ein exklusives Geschenk.

Zeitlos und wunderbar duftend. Geranienöl ersetzt das fast unerschwingliche Rosenöl und duftet in der Seife ebenso betörend nach Rosen. Es hat entzündungshemmende, antibakterielle und reinigende Wirkung, ist sehr hautfreundlich und für alle Hauttypen geeignet.

Ringelblumenseife

vegan, 8 % rückfettend

400 g Kokosfett
100 g Palmfett (biologisch & Fair Trade)
50 g Kakaobutter
450 g Sonnenblumenöl
159 g NaOH

350 g Ringelblumenaufguss
10 g Ringelblumenblüten
80 g Ringelblumen-Ölauszug
5 g Kurkuma
20 g ätherisches Ylang-Ylang-Öl
20 g ätherisches Grapefruitöl

1. Für diese Seife wird vorab ein Ringelblumen-Ölauszug benötigt (siehe Ölauszüge, S. 50).

2. Kokosfett, Palmfett und Kakaobutter langsam schmelzen, im Anschluss Sonnenblumenöl beimengen.

3. Ätznatron abwiegen und im abgekühlten Ringelblumenaufguss lösen.

4. Während des Abkühlens der Öle und der Lauge die Ringelblumen, den Ölauszug, das Kurkuma und die ätherischen Öle abwiegen.

5. Wenn die Basisöle und die Lauge eine Temperatur von etwa 40–45 °C erreicht haben, die Lauge in die Basisöle gießen und alles gut mit dem Stabmixer verrühren. Die Rohseife mixen, bis sich eine Spur bildet. Den Ringelblumen-Ölauszug und die ätherischen Öle unterrühren.
Die Rohseife halbieren. Eine Hälfte mit Kurkuma und den Ringelblüten vermischen, die andere bleibt wie sie ist. Die erste Hälfte in die vorbereitete Form gießen, dann die zweite in die Mitte der ersten Schicht gießen. Die Oberfläche mit Ringelblumenblüten dekorieren. Die Rohseife mit Frischhaltefolie abdecken und mit alten Handtüchern isolieren.

Die Ringelblume ist für ihre heilende Wirkung bekannt. Sie wirkt entzündungshemmend, antiseptisch und antibakteriell. Das ätherische Ylang-Ylang-Öl ist hautpflegend und feuchtigkeitsspendend. Grapefruitöl wirkt straffend und stimmungsaufhellend.

Olivenölseife

vegan, 10 % rückfettend

1000 g Olivenöl
134 g NaOH
320 g Wasser

100 g Jojobaöl
10 g ätherisches Wacholderbeeröl
20 g ätherisches Thymianöl
10 g ätherisches Lavendelöl

1. Olivenöl abwiegen und langsam auf eine Temperatur von 40–45 °C erwärmen.

2. Ätznatron abwiegen und im Wasser lösen.

3. Während des Abkühlens der Lauge das Jojobaöl und die ätherischen Öle abwiegen.

4. Wenn das Olivenöl und die Lauge eine Temperatur von etwa 40–45 °C erreicht haben, die Lauge in das Olivenöl gießen und alles gut mit dem Stabmixer verrühren. Die Spurbildung kann bei reinen Olivenölseifen länger dauern. Damit der Stabmixer nicht zu heiß wird, gelegentlich abschalten und mit der Hand weiterrühren. Die Rohseife mixen, bis sich eine Spur bildet. Das Jojobaöl und die ätherischen Öle unterrühren.

5. Die Seife in die vorbereiteten Formen gießen, mit Frischhaltefolie abdecken und mit alten Handtüchern isolieren.

Luxus pur und für alle Hauttypen geeignet ist diese reine Olivenölseife mit kostbarem Jojobaöl. Wird die Rezeptur für Babys oder Kinder verwendet, können die ätherischen Öle weggelassen werden.

Jojobaöl ist reich an Vitamin E und schützt die Haut vor Trockenheit und vorzeitiger Hautalterung. Wacholderbeeröl ist für seine reinigende und desinfizierende Wirkung bekannt. Thymian- und Lavendelöl wirken entzündungshemmend und beruhigend.

Lavendelseife

8 % rückfettend

300 g Kokosfett
150 g Palmfett (biologisch & Fair Trade)
50 g Bienenwachs
500 g Olivenöl

151 g NaOH
320 g kräftiger Lavendelaufguss
80 g Sheabutter
35 g ätherisches Lavendelöl

1. Kokosfett, Palmfett und Bienenwachs langsam schmelzen, im Anschluss das Olivenöl beimengen.

2. Ätznatron abwiegen und im abgekühlten Lavendelaufguss lösen.

3. Während des Abkühlens der Öle und der Lauge die Sheabutter abwiegen und langsam schmelzen. Das ätherische Lavendelöl abwiegen.

4. Wenn die Basisöle und die Lauge eine Temperatur von etwa 40–45 °C erreicht haben, die Lauge in die Basisöle gießen und alles gut mit dem Stabmixer verrühren. Die Rohseife mixen, bis sich eine Spur bildet. Sheabutter und Lavendelöl unterrühren. Die Seife in die vorbereiteten Formen gießen, mit Frischhaltefolie abdecken und mit alten Handtüchern isolieren.

Sheabutter hat sich bei Hautproblemen bewährt. Sie pflegt beanspruchte Haut und unterstützt den Zellaufbau. Das ätherische Lavendelöl unterstützt die Wundheilung, wirkt antiseptisch und entzündungshemmend.

Zur Vielzahl der pflegenden Inhaltsstoffe von Sheabutter gehören Beta-Carotin, Vitamin E, Omega-Fettsäuren und Linolsäuren. Diese Wirkstoffe machen sie zu einem wunderbaren Hautpflegemittel und halten sie weich und geschmeidig.

Honigseife

8 % rückfettend

450 g Kokosfett
50 g Bienenwachs
500 g Olivenöl
156 g NaOH

320 g Wasser
80 g Macadamianussöl
30 g Honig
35 g ätherisches Vanilleöl

1. Kokosfett und Bienenwachs langsam schmelzen, im Anschluss das Olivenöl beimengen.

2. Ätznatron abwiegen und im Wasser lösen.

3. Während des Abkühlens der Öle und der Lauge das Macadamianussöl, den Honig und das ätherische Vanilleöl abwiegen. Sollte der Honig zu dickflüssig oder fest sein, wird er vorab auf geringer Temperatur über einem Wasserbad verflüssigt. Nicht über 40 °C erhitzen, da sonst wertvolle Inhaltsstoffe verloren gehen.

4. Wenn die Basisöle und die Lauge eine Temperatur von etwa 40–45 °C erreicht haben, die Lauge in die Basisöle gießen und alles gut mit dem Stabmixer verrühren. Die Rohseife mixen, bis sich eine Spur bildet. Nun das Macadamianussöl, den Honig und das Vanilleöl beimengen. Die Rohseife in die vorbereiteten Formen gießen, mit Frischhaltefolie abdecken und mit alten Handtüchern isolieren.

Macadamianussöl wirkt pflegend bei stark beanspruchter Haut und ist ein sehr gutes Anti-Aging-Mittel.

Ätherisches Vanilleöl vertreibt schlechte Laune und wirkt beruhigend.

Honig ist eines der ältesten Heilmittel für die Haut. Er ist reich an Kalium, Magnesium, Calcium, Eisen, Vitamin C und vielen Mineralstoffen. Honig macht die Haut weich und geschmeidig. Er ist wundheilend, antibakteriell und entzündungshemmend.

Kaffeeseife

5 % rückfettend

500 g Kokosfett
50 g Bienenwachs
250 g Distelöl
200 g Rapsöl
350 g Kaffee (Getränk)

149 g NaOH
20 g gemahlener Kaffee
20 g ätherisches Citronellaöl
15 g ätherisches Zedernöl

1. Kokosfett und Bienenwachs langsam schmelzen, im Anschluss Distel- und Rapsöl beimengen.

2. Kaffee kochen und abkühlen lassen. Kaffee kann pur verwendet, aber auch bis zur Hälfte mit Wasser verdünnt werden. Ätznatron abwiegen und im abgekühlten Kaffee lösen.

3. Während des Abkühlens der Öle und der Lauge den gemahlenen Kaffee und die ätherischen Öle abwiegen.

4. Wenn die Basisöle und die Lauge eine Temperatur von etwa 40–45 °C erreicht haben, die Lauge in die Basisöle gießen und alles gut mit dem Stabmixer verrühren. Die Rohseife mixen, bis sich eine Spur bildet. Den gemahlenen Kaffee und die ätherischen Öle unterrühren. Die Rohseife vorsichtig in die vorbereiteten Formen gießen, mit Frischhaltefolie abdecken und mit alten Handtüchern isolieren.

Der frische Zedernduft wirkt antiseptisch und beschleunigt die Wundheilung bei kleinen Kratzern. Citronellaöl unterstützt das Neutralisieren von Gerüchen und sorgt für gute Laune.

Diese Kaffeeseife sollte in keinem Haushalt fehlen. Kaffee ist in der Lage, unerwünschte Gerüche wie Knoblauch oder Zwiebel zu neutralisieren. Zusätzlich hilft die Scheuerkraft des gemahlenen Kaffees bei verschmutzten Handwerkerhänden.

Rosmarin-Haarseife

2 % rückfettend

450 g Kokosfett
50 g Palmfett (biologisch & Fair Trade)
50 g Bienenwachs
175 g Sonnenblumenöl
175 g Olivenöl
100 g Rizinusöl
320 g Rosmarinaufguss
153 g NaOH
20 g getrockneter Rosmarin
20 g grüne Tonerde
35 g ätherisches Rosmarinöl

1. Kokosfett, Palmfett und Bienenwachs langsam schmelzen, im Anschluss Sonnenblumen-, Oliven- und Rizinusöl beimengen.

2. Einen kräftigen Rosmarinaufguss zubereiten und abkühlen lassen. Anschließend abwiegen. Ätznatron abwiegen und im Aufguss lösen.

3. Während des Abkühlens der Öle und der Lauge den getrockneten Rosmarin, die grüne Tonerde und das ätherische Öl abwiegen.

4. Wenn die Basisöle und die Lauge eine Temperatur von etwa 40–45 °C erreicht haben, die Lauge in die Basisöle gießen und alles gut mit dem Stabmixer verrühren. Die Rohseife mixen, bis sich eine Spur bildet. Die grüne Tonerde, den getrockneten Rosmarin und das ätherische Rosmarinöl unterrühren. Die Rohseife in die vorbereiteten Formen gießen, mit Frischhaltefolie abdecken und mit alten Handtüchern isolieren.

Der kräftige Rosmarinaufguss verstärkt mit dem ätherischen Rosmarinöl die Wirkung dieser alten, bekannten Heilpflanze.

Der lateinische Name »ros marinus« bedeutet »Tau des Meeres«. Er wirkt stark durchblutungsfördernd, hautregenerierend und wird bei fettiger Haut und Schuppenbildung eingesetzt.

Birken-Haarseife

3 % rückfettend

450 g Kokosfett
50 g Palmfett (biologisch & Fair Trade)
50 g Bienenwachs
175 g Sonnenblumenöl
175 g Olivenöl
100 g Rizinusöl

320 g Birkenblätteraufguss
152 g NaOH
50 g Birkenextrakt (Apotheke)
15 g ätherisches Lavendelöl
15 g ätherisches Rosmarinöl
10 g ätherisches Thymianöl

1. Kokosfett, Palmfett und Bienenwachs langsam schmelzen, im Anschluss Sonnenblumen-, Oliven- und Rizinusöl beimengen.

2. Einen kräftigen Birkenblätteraufguss zubereiten und abkühlen lassen. Anschließend abwiegen. Ätznatron abwiegen und im Aufguss lösen.

3. Während des Abkühlens der Öle und der Lauge den Birkenextrakt und die ätherischen Öle abwiegen.

4. Wenn die Basisöle und die Lauge eine Temperatur von etwa 40–45 °C erreicht haben, die Lauge in die Basisöle gießen und alles gut mit dem Stabmixer verrühren. Die Rohseife mixen, bis sich eine Spur bildet. Den Birkenextrakt und die ätherischen Öle unterrühren. Die Rohseife vorsichtig in die vorbereiteten Formen gießen, mit Frischhaltefolie abdecken und mit alten Handtüchern isolieren.

Die krautig-würzige Duftkomposition aus Lavendel, Rosmarin und Thymian wirkt unterstützend auf die Durchblutung. Sie ist antimikrobiell und entzündungshemmend.

Birkenextrakt wird aus Birkenblättern und Birkenrinde gewonnen, er ist für seine durchblutungsfördernde Wirkung der Kopfhaut bekannt. Dadurch wird der Haarwuchs angekurbelt und unterstützt.

Haarseife mit Ei

3 % rückfettend

450 g Kokosfett
50 g Palmfett (biologisch & Fair Trade)
50 g Bienenwachs
175 g Sonnenblumenöl
175 g Olivenöl
100 g Rizinusöl

320 g Ringelblumenaufguss
156 g NaOH
30 g Jojobaöl
1 Eidotter
35 g ätherisches Zitronengrasöl
15 g Zitronensaft

1. Kokosfett, Palmfett und Bienenwachs langsam schmelzen, im Anschluss Sonnenblumen-, Oliven- und Rizinusöl beimengen.

2. Einen kräftigen Aufguss aus Ringelblumen zubereiten und abkühlen lassen. Anschließend abwiegen. Ätznatron abwiegen und im Aufguss lösen.

3. Während des Abkühlens der Öle und der Lauge das Jojobaöl abwiegen und einen Eidotter darin einrühren. Das ätherische Zitronengrasöl und den Zitronensaft abwiegen.

4. Wenn die Basisöle und die Lauge eine Temperatur von etwa 40–45 °C erreicht haben, die Lauge in die Basisöle gießen und alles gut mit dem Stabmixer verrühren. Die Rohseife mixen, bis sich eine Spur bildet. Die Jojoba-Eidotter-Mischung, den Zitronensaft und das Zitronengrasöl unterrühren. Die Rohseife in die vorbereiteten Formen gießen, mit Frischhaltefolie abdecken und mit alten Handtüchern isolieren.

Jojobaöl ist reich an Vitaminen und Proteinen, die strapaziertes und trockenes Haar pflegen. Der Ringelblumenaufguss reinigt mild, Eidotter wirkt kräftigend und Zitronensaft verleiht Glanz. Das Zitronengrasöl reinigt und strafft.

Klettenwurzel-Haarseife

2 % rückfettend

175 g Klettenwurzel-Ölauszug
450 g Kokosfett
50 g Palmfett (biologisch & Fair Trade)
50 g Bienenwachs
175 g Sonnenblumenöl
100 g Rizinusöl
320 g Klettenwurzelaufguss
153 g NaOH
20 g rote Tonerde
35 g ätherisches Salbeiöl

1. Für diese Seife muss vorab ein Ölauszug (siehe Ölauszüge, S. 50) aus Klettenwurzel vorbereitet werden. Dafür am besten Olivenöl verwenden.

2. Kokosfett, Palmfett und Bienenwachs langsam schmelzen, im Anschluss Sonnenblumenöl, Klettenwurzel-Ölauszug und Rizinusöl beimengen.

3. Einen kräftigen Klettenwurzelaufguss zubereiten und abkühlen lassen. Anschließend abwiegen. Ätznatron abwiegen und im Aufguss lösen.

4. Während des Abkühlens der Öle und der Lauge die rote Tonerde und das ätherische Salbeiöl abwiegen.

5. Wenn die Basisöle und die Lauge eine Temperatur von etwa 40–45 °C erreicht haben, die Lauge in die Basisöle gießen und alles gut mit dem Stabmixer verrühren. Die Rohseife mixen, bis sich eine Spur bildet. Die rote Tonerde und das ätherische Salbeiöl unterrühren. Die Rohseife in die vorbereiteten Formen gießen, mit Frischhaltefolie abdecken und mit alten Handtüchern isolieren.

Die Klettenwurzel hat sich bei vielen Hauterkrankungen, besonders aber durch ihre anregende Wirkung auf die Kopfhaut bewährt. Sie kann unterstützend den Haarausfall reduzieren. Salbeiöl hat eine straffende Wirkung.

Rosskastanienseife

vegan, 7 % rückfettend

300 g Kokosfett
150 g Palmfett (biologisch & Fair Trade)
50 g Kakaobutter
200 g Sonnenblumenöl
300 g Erdnussöl

320 g Rosskastanienlauge
144 g NaOH
35 g ätherisches Sandelholzöl
40 g Rosskastanienmehl
20 g Lavaerde

Rosskastanienmehl

Gesammelte Rosskastanien vierteln und in einem leistungsstarken Smoothie Maker oder Ice Crusher zerkleinern (kleine Mengen testen). Wichtig ist, dass die Rosskastanien frisch sind. Nun das noch feuchte Rosskastanienmehl auf Backpapier trocknen lassen oder das Rosskastanienmehl auf ein Backblech verteilen und im Ofen bei 50–80 °C trocknen. Einen Kochlöffel in die Ofentür klemmen, damit die Feuchtigkeit entweichen kann, und das Rosskastanienmehl immer wieder wenden. Das getrocknete Mehl wird noch einmal feinst vermahlen und gesiebt, um Kratzer auf der Haut zu vermeiden.

Rosskastanienlauge

2 EL grobes Rosskastanienmehl in 320 g Wasser 1–2 Minuten mit der Hand oder dem Stabmixer kräftig verrühren. Über Nacht ziehen lassen, abseihen.

→

Mittelstück

Für das weiße Mittelstück muss vorab eine zusätzliche Seife nach Wahl gesiedet werden. Passende Silikonformen gibt es in rechteckiger, dreieckiger oder runder Form. Alternativ lassen sich für das weiße Mittelstück auch längliche Streifen aus einer bereits fertigen Seife schneiden. Dieses Mittelstück wird später in die eingegossene, noch flüssige Rohseife eingelegt.

Rosskastanienseife

1. Kokosfett, Palmfett und Kakaobutter langsam schmelzen, im Anschluss das Sonnenblumenöl und das Erdnussöl beimengen.

2. Ätznatron abwiegen und in die Rosskastanienlauge einrühren. Während des Abkühlens der Öle und der Lauge das ätherische Sandelholzöl, das fein vermahlene Rosskastanienmehl und die Lavaerde abwiegen. Ein vorab gefertigtes Mittelstück nach Wahl bereithalten.

3. Wenn die Basisöle und die Lauge eine Temperatur von etwa 40–45 °C erreicht haben, die Lauge in die Basisöle gießen und alles gut mit dem Stabmixer verrühren. Die Rohseife mixen, bis sich eine Spur bildet. Lavaerde, Rosskastanienmehl und das ätherische Sandelholz unterrühren. Die Rohseife in die vorbereitete Form gießen. Nun das Mittelstück vorsichtig (Handschuhe!) in die noch flüssige Rohseife drücken. Die Rohseife mit Frischhaltefolie abdecken und mit alten Handtüchern isolieren.

Das feinst vermahlene Rosskastanienmehl entfernt sanft abgestorbene Hautschuppen. Kostbares Sandelholzöl hemmt Entzündungen und unterstützt den Feuchtigkeitshaushalt der Haut.

Die Samen der Rosskastanie enthalten pflanzliche Seifenstoffe (Saponine) und unterstützen eine milde und natürliche Hautreinigung. Lavaerde ist reich an Kaolin und Tonmineralien, reinigt schonend und ist sehr gut hautverträglich.

Reis-Peeling-Seife

10 % rückfettend

500 g Kokosfett
50 g Bienenwachs
250 g Distelöl
200 g Rapsöl
157 g NaOH
300 g Wasser
45 g gemahlener Reis
100 g Reiskeimöl
10 g Kurkuma
1 g Kohle
20 g ätherisches Zitronengrasöl
15 g ätherisches Palmarosaöl
80 g Reismilch

1. Kokosfett und Bienenwachs langsam schmelzen, im Anschluss Distel- und Rapsöl beimengen.

2. Ätznatron abwiegen und im Wasser lösen. Während des Abkühlens der Öle und der Lauge den gemahlenen Reis, das Reiskeimöl, Kurkuma, Kohle, die ätherischen Öle und die Reismilch abwiegen.

3. Wenn die Basisöle und die Lauge eine Temperatur von etwa 40–45 °C erreicht haben, die Lauge in die Basisöle gießen und alles gut mit dem Stabmixer verrühren. Die Rohseife mixen, bis sich eine Spur bildet. Den gemahlenen Reis, das Reiskeimöl, die Reismilch und die ätherischen Öle unterrühren. Die Rohseife halbieren. Ein Teil bleibt wie er ist. In den zweiten Teil das Kurkuma rühren. Den ersten Teil in die vorbereitete Form gießen und ein wenig Kohle über die eingegossene Schicht sieben. Danach vorsichtig über einen Spatel den zweiten Teil aufgießen. Die Rohseife mit Frischhaltefolie abdecken und mit alten Handtüchern isolieren.

In Japan als traditionelles Schönheitsmittel bekannt, versorgt Reiskeimöl die Haut mit einer extra Portion Feuchtigkeit, ist reich an Antioxidantien und Vitamin E. Es regt die Hauterneuerung an und ist für alle Hauttypen sehr gut geeignet.

Gemahlener Reis peelt sanft und entfernt abgestorbene Hautschuppen. Das in der Reismilch enthaltene Fett spendet zusätzlich Feuchtigkeit.

Zitronengrasöl wirkt stimmungsaufhellend, straffend und reinigend, Palmarosa hautpflegend.

Mandelseife

8 % rückfettend

350 g Kokosfett
125 g Kakaobutter
25 g Bienenwachs
500 g Sonnenblumenöl
140 g NaOH
320 g Wasser

30 g fein geriebene Mandeln
60 g Mandelmilch
10 g ätherisches Zimtöl
25 g ätherisches Orangenöl
15 g flüssiger Honig
10 g Kurkuma

1. Kokosfett, Kakaobutter und Bienenwachs langsam schmelzen, im Anschluss das Sonnenblumenöl beimengen.

2. Ätznatron abwiegen und im Wasser lösen. Während des Abkühlens der Öle und der Lauge die geriebenen Mandeln, Mandelmilch und ätherische Öle abwiegen. Mandelmilch anwärmen und Honig und Kurkuma darin lösen.

3. Wenn die Basisöle und die Lauge eine Temperatur von etwa 40–45 °C erreicht haben, die Lauge in die Basisöle gießen und alles gut mit dem Stabmixer verrühren. Die Rohseife mixen, bis sich eine Spur bildet. Mandelmilch, geriebene Mandeln und ätherische Öle unterrühren. Die Rohseife in die vorbereitete Form gießen, mit Frischhaltefolie abdecken und mit alten Handtüchern isolieren.

Die wärmende Mischung aus ätherischem Zimt- und Orangenöl passt besonders in die kalte Jahreszeit. Zimtöl wirkt entzündungshemmend, kann aber in zu großen Dosierungen hautreizend sein. Orangenöl fördert die Durchblutung und sorgt für gute Laune.

Die fein gemahlenen Mandeln entfernen abgestorbene Hautschuppen, das ölhaltige Nussmehl wirkt pflegend und feuchtigkeitsspendend. Honig beruhigt und regt die Erneuerung der Haut an. Die Mandelmilch verwöhnt zusätzlich trockene Haut.

Haferflocken-Peeling-Seife

8 % rückfettend

1000 g Olivenöl
123 g NaOH
320 g Wasser

50 g grob gemahlene Haferflocken
5 g Kurkuma
1 TL Kakaopulver
30 g Ylang-Ylang-Öl

1. Olivenöl abwiegen und langsam auf eine Temperatur von 40–45 °C erwärmen.

2. Ätznatron abwiegen und im Wasser lösen. Während des Abkühlens des Olivenöls und der Lauge die Haferflocken, das Kurkuma, das Kakaopulver und das Ylang-Ylang-Öl abwiegen.

3. Wenn das Olivenöl und die Lauge eine Temperatur von etwa 40–45 °C erreicht haben, die Lauge in das Olivenöl gießen und alles gut mit dem Stabmixer verrühren. Die Rohseife mixen, bis sich eine Spur bildet. Ätherische Öle unterrühren. Die Rohseife halbieren. Ein Teil bleibt wie er ist. Der zweite Teil wird mit den gemahlenen Haferflocken und dem Kurkuma vermengt. Nun den ersten Teil in die vorbereitete Form gießen. Kakaopulver auf die Schicht sieben. Im Anschluss vorsichtig den zweiten Teil über einen Spatel laufen lassen. Zum Schluss die Form leicht anklopfen, um eine gerade Oberfläche zu erhalten. Die Rohseife mit Frischhaltefolie abdecken und mit alten Handtüchern isolieren.

Haferflocken reinigen mild und porentief. Sie versorgen unsere Haut mit kostbaren Nährstoffen und regen die Durchblutung an. Alte Hautschuppen werden sanft entfernt. Ylang-Ylang-Öl ist bekannt für seine hautpflegenden und feuchtigkeitsspendenden Eigenschaften.

Bimssteinseife

9 % rückfettend

400 g Kokosfett
300 g Olivenöl
300 g Sonnenblumenöl
142 g NaOH
320 g Wasser
15 g ätherisches Teebaumöl
15 g ätherisches Bergamottöl
80 g Bimsstein gemahlen

1. Kokosfett langsam schmelzen, im Anschluss das Olivenöl sowie das Sonnenblumenöl beimengen.

2. Ätznatron abwiegen und im Wasser lösen. Während des Abkühlens der Öle und der Lauge die ätherischen Öle und das Bimssteinpulver abwiegen.

3. Wenn die Basisöle und die Lauge eine Temperatur von etwa 40–45 °C erreicht haben, die Lauge in die Basisöle gießen und alles gut mit dem Stabmixer verrühren. Die Rohseife mixen, bis sich eine Spur bildet. Ätherische Öle und Bimsstein unterrühren. Die Rohseife in vorbereitete Formen gießen, mit Frischhaltefolie abdecken und mit alten Handtüchern isolieren.

Teebaumöl wirkt keimtötend und entzündungshemmend. Ätherisches Bergamottöl duftet herrlich nach Zitrusfrüchten, wirkt antiseptisch und lässt kleine Wunden schnell verheilen.

Diese Bimssteinseife ist ein Klassiker unter den Peelingseifen. Durch ihre starke Scheuerkraft ist sie hervorragend für die Fußpflege oder stark verschmutzte Hände geeignet und sollte in keinem Haushalt fehlen.

Mohn-Peeling-Seife

vegan, 7 % rückfettend

400 g Kokosfett
100 g Kakaobutter
250 g Olivenöl
250 g Sonnenblumenöl
157 g NaOH
320 g Wasser
30 g ätherisches Pfefferminzöl
40 g geriebener Mohn
70 g Mohnöl

1. Kokosfett und Kakaobutter langsam schmelzen, im Anschluss das Olivenöl sowie das Sonnenblumenöl beimengen.

2. Ätznatron abwiegen und im Wasser lösen. Während des Abkühlens der Öle und der Lauge das ätherische Öl, den geriebenen Mohn und das Mohnöl abwiegen.

3. Wenn die Basisöle und die Lauge eine Temperatur von etwa 40–45 °C erreicht haben, die Lauge in die Basisöle gießen und alles gut mit dem Stabmixer verrühren. Die Rohseife mixen, bis sich eine Spur bildet. Das Mohnöl und das ätherische Pfefferminzöl beimengen. Die Rohseife halbieren. Ein Teil bleibt wie er ist. In den zweiten Teil den geriebenen Mohn rühren. Nun wird die Rohseife abwechselnd in Schichten in die bereitgestellte Form gegossen. Die Rohseife mit Frischhaltefolie abdecken und mit alten Handtüchern isolieren.

Pfefferminzöl hat antibakterielle Eigenschaften, es wirkt leicht kühlend und erfrischt müde Haut.

Mohnöl ist ein mildes, hautberuhigendes Öl und reich an Fettsäuren, die die Hautbarriere unterstützen. Es wirkt Hautreizungen entgegen. Der geriebene Mohn entfernt alte Hautschuppen und sorgt für eine strahlende Haut.

Zertifizierte BIO-KOSMETIK · Certified
AUSTRIA Bio GARANTIE

Gut zu wissen

Unsere erste selbst gesiedete Seife ist nun fertig. Wie geht es weiter? Alle Informationen zum Entformen, Schneiden und zur richtigen Lagerung von Seife finden Sie im folgenden Kapitel.

Schneiden, lagern und verpacken

Das erste Seifenstück ist nun bereit zur weiteren Verarbeitung. Dafür ist es wichtig, über das Entformen, den richtigen Zeitpunkt fürs Schneiden und das passende Verpackungsmaterial für Naturseifen Bescheid zu wissen.

Seife schneiden

Oft wird mir die Frage gestellt, wann der richtige Moment für das Schneiden einer Seife sei. Dies kann je nach Rezeptur unterschiedlich sein. Sobald eine Seife ausgehärtet ist, kann sie entformt und dann auch geschnitten werden. Manchmal benötigt eine Seife zwei Tage zum Entformen, manchmal dauert es fünf, bis sie fest ist. Dies hängt mit der Wahl der Basisöle zusammen. Grundsätzlich gilt: Ist nach einem Druck auf die Seifenoberfläche keine Druckstelle zu sehen, kann die Seife entformt werden und ist hart genug. Seifen mit Bienenwachs und einem hohen Anteil an festen Fetten härten rascher aus als vegane Seifen oder Seifen mit hohem Anteil an flüssigen Fetten

Frisch geschnittene Seifenstücke lagern luftig im Reiferegal.

Wenn sich auf der Oberfläche keine Druckspuren bilden, kann die Seife geschnitten werden.

Zum Schneiden kann ein scharfes Messer, ein Metallspachtel oder ein Schneidedraht verwendet werden.

Seife trocknen

Die geschnittenen Seifenstücke müssen vier Wochen trocknen. Dazu legt man sie auf Butterbrotpapier in einen gut durchlüfteten Raum. Mehrmaliges Wenden ermöglicht ein gleichmäßiges Trocknen der Seife. Das Wasser verflüchtigt sich und der pH-Wert der Seife sinkt in der Trockenzeit. Nach der Trockenzeit kann der pH-Wert mit in der Apotheke erhältlichen Teststreifen geprüft werden. Der Wert von handgesiedeten Seifen liegt im basischen Bereich bei 7,5–9.

Seife lagern

Nach der Reifephase die Seife lichtgeschützt und bei Raumtemperatur (oder kühler) lagern. Besonders Seifen mit natürlichen Farbstoffen und ätherischen Ölen sollten nicht unnötig Wärme und Licht ausgesetzt werden, denn Licht lässt die natürlichen Farben verblassen und ätherische Öle verflüchtigen sich rasch bei Wärme.

Seife verpacken

Seife wird erst nach der vollen Reifezeit verpackt. Beim Verpacken sind der Kreativität keine Grenzen gesetzt. Ich persönlich bevorzuge natürliche Materialien wie Papier, Stoff, Pappe oder kleine Körbe. Sie unterstreichen das Natürliche in einer handgesiedeten Seife. Wichtig ist bei allen Verpackungen, dass die Seife atmen kann. In Plastikfolie kann sie schwitzen, was ihre Haltbarkeit erheblich verkürzt.

Baumwollbänder oder Raffiabast bilden einen hübschen Abschluss für Seifenverpackungen. Mit einem handgeschriebenen Etikett wird die Seife so zu einem exklusiven und ganz persönlichen Geschenk.

Seifen recyceln

Seifen, die optisch nicht gelungen sind, und ältere Reste müssen nicht in den Müll geworfen werden. Sie können zu einer neuen Seife verarbeitet und recycelt werden. Farb- und Duftstoffe werden durch das erneute Bearbeiten nicht beeinträchtigt. Kräuter und Blüten behalten ihre Farbe, ohne zu verblassen. Reste können wiederverwertet werden und in Formen aus Glas oder Aluminium gegossen werden, welche fürs Kaltverfahren ansonsten nicht benutzbar sind.

Grundtechnik

Seifenreste oder die speziell für diese Technik gefertigte reife Seife in feine Späne raspeln. Auf 500 g Seife kommen etwa 360 g warmes Wasser. Die Seifenspäne mit ¾ der Wassermenge sanft im Wasserbad schmelzen. So lange rühren, bis die Seifenspäne das Wasser aufgenommen haben. Dann das restliche Wasser unterrühren. Die Seifenmasse leicht köcheln lassen, gelegentlich umrühren und mit einem Deckel verschließen. Dies kann 45–60 Minuten in Anspruch nehmen. Wenn sich alle Seifenspäne gelöst haben und die Masse eine cremige Konsistenz angenommen hat, den Topf vom Herd nehmen. Nun werden die gewünschten Duft-, Farb- und Füllstoffe eingerührt. Ist die Masse zu dick, kann ein wenig Wasser beigemengt werden. Wichtig ist eine cremige Konsistenz. Unter Rühren wird die Seifenmasse abgekühlt und in vorbereitete Formen gegossen. Dann entformen und nachtrocknen lassen.

Haushaltsseife

500 g Seifenreste, 3–4 TL Waschsoda, etwas Wasser

Aus den Seifenresten Späne raspeln, Waschsoda beimengen und mit wenig Wasser zu einem Gel auflösen. Diese Haushaltsseife ist universell zum Putzen und fürs Geschirrspülen geeignet. Auch bei hartnäckigen Flecken hat sie sich bewährt.

Seifenreste werden geraspelt.

Aus Seifenspänen, Blüten und ätherischem Öl entstehen wunderschöne Seifenkugeln.

Seifenmuffins

Sie benötigen für diese fantasievollen Kreationen eine Muffin-Backform und Papierförmchen. Die Seife wie in der Grundtechnik beschrieben einschmelzen. Duft und Farbe in die Seifenmasse geben, die Papierförmchen in die Backformen legen und die Seifenmasse vorsichtig hineingießen. Wenn die Seife fest geworden ist, können die Seifenmuffins mit getrockneten Blüten dekoriert werden. Ein hübsches Geschenk, aber Vorsicht vor Verwechslungen, denn die Muffins sehen zum Anbeißen aus!

Schwimmseifen

Die links genannte Grundtechnik eignet sich auch hervorragend zur Herstellung von Schwimmseifen, die besonders Kinder lieben. Kurz bevor die Seife bereit zum Eingießen in die Formen ist, wird sie bei dieser Methode mit dem Schneebesen oder auf niedriger Stufe mit einem Mixer durchgerührt. Das vergrößert ihr Volumen und die fertige Seife schwimmt an der Wasseroberfläche.

Seifenkugeln

Für diese Technik siede ich vorab eine pflegende Basisseife ohne Duft. Nach der Reifezeit wird die Basisseife fein geraspelt und 80–100 g pro Kugel abgewogen. Nun beginnt das kreative Gestalten. Pro Seifenkugel werden etwa 10–15 Tropfen ätherisches Öl nach Wahl zugegeben. Anschließend die Seife durchkneten und zu einer Kugel formen. Seifenkugeln sind ein wunderschönes Geschenk.

Selbstverständlich können Seifenkugeln auch aus Seifenresten gefertigt werden. Sollte hierfür die Seifenmasse zu trocken sein, einfach wenig Wasser oder Öl beimengen. Die Kugeln lassen sich passend zum gewählten Duft in Kräutern oder Blüten wälzen. Falls Blüten nicht haften, kann die Seifenkugel in angefeuchteten Handflächen gerollt und danach in die Blüten oder Kräuter gedrückt werden. Ein wahrer Blickfang und ein wunderschönes, individuelles Mitbringsel.

Probleme

Aus Fehlern lernt man, und obwohl sorgfältig gearbeitet wird, kann es passieren, dass sich der ein oder andere Patzer einschleicht. Alle Rezepturen und die Berechnungen aller Rohstoffe sollten deshalb vor Beginn auf Irrtümer kontrolliert werden. Ist die Waage richtig eingestellt? Wurden alle Rohstoffe beigemengt? Die folgenden Hinweise können bei Problemen helfen.

Zu weiche Seife

Zu weiche Seife deutet auf eine falsche Wasser- und Ölmenge oder einen zu niedrigen NaOH-Wert hin. Lassen sich hier keine Fehler feststellen, die Seife einfach ein paar Wochen länger in der Form lassen. Ist sie einmal ausgehärtet, kann sie auch verwendet werden.

Zu harte Seife

Bei diesem Problem enthält die Seife entweder zu viel NaOH oder zu wenig Wasser. Die Seife ist dann extrem hart und bröselig. Sie kann nicht verwendet werden. Aufschluss gibt ein pH-Wert-Test.

Die Seife dickt nicht an

Das Andicken hängt von den Basisölen und Fetten ab. Es kann unterschiedlich lange dauern, eventuell ist Geduld gefragt. Seifen, die ohne Stabmixer gerührt werden, können sehr lange brauchen, bis sie eine Spurbildung zeigen. Mit einem Stabmixer sollte allerdings nach 15–30 Minuten eine Spurbildung sichtbar sein. Falls dies nicht der Fall ist, die Seife in den Ofen stellen und bei gelegentlichem Umrühren bei 80–100 °C zur Spurbildung führen.

Weiße Schicht an der Oberfläche

Oft bildet sich an der Seifenoberfläche die sogenannte Sodaasche. Diese schmälert die Qualität der Seife in keiner Weise, sondern ist eine Begleiterscheinung natürlicher Seife. Sodaasche lässt sich einfach abhobeln. Wer die Bildung von Sodaasche vermeiden möchte, deckt die Seife rasch nach dem Eingießen mit einer Plastikfolie oder Butterbrotpapier ab. Bei Unsicherheiten sollte ein pH-Wert-Test durchgeführt werden.

Harte Seife lässt sich nicht schneiden.

Ist der pH-Wert zu hoch, muss die Seife entsorgt werden. Bei einem hautfreundlichen Wert kann sie geraspelt und als Haushaltsseife verwendet werden.

Kristalle in der Seife

Sorgfalt ist das oberste Gebot beim Seifensieden! Wenn in der Seife weiße, kristallähnliche Stückchen sichtbar sind, kann es sich dabei um nicht aufgelöste NaOH-Teile handeln oder um einen zu hohen NaOH-Anteil. Wahrscheinlich wurde die Seife nicht lange genug gerührt und das NaOH hat sich nicht vollständig im Wasser aufgelöst. Vorsicht ist geboten, in diesem Fall ist die Seife ätzend und muss leider entsorgt werden. Bei Unsicherheiten sollte ein pH-Wert-Test durchgeführt werden.

Die Seife löst sich nicht aus der Form

Sofern alle Rohstoffe richtig abgewogen worden sind und die Formen – soweit nicht aus Silikon – gründlich eingefettet waren, sollte sich die Seife aus der Form lösen lassen. Wenn dies nicht der Fall ist, die Formen einfach ein paar Stunden ins Gefrierfach stellen. Die Seife zieht sich zusammen und schrumpft. Danach die Seitenwände der Form andehnen, die Form umdrehen und leicht dagegen drücken. Die Seife nach dem Auftauen mit Küchenrolle trocken tupfen.

Verfärbungen auf der Seife

Orangene Punkte oder feuchte Stellen auf der Oberfläche deuten auf eine ranzig werdende Seife hin. Spätestens der Geruch bestätigt diesen Verdacht. Dies kann unterschiedliche Gründe haben. Ein hoher Überfettungswert, die Wahl von nicht lange haltbaren Basisölen, eine nicht korrekte, zu warme, feuchte Lagerung oder zu viele frische Zutaten können die Ursachen dafür sein.

Nur Mut

Wenn eine Seife nicht gelingt, verzweifeln Sie nicht. Die häufigste Fehlerquelle ist ein ungenaues Abwiegen der Rohstoffe. Beachten Sie auch die in den Rezepturen angegebenen Gewichte. Gramm ist nicht gleich Milliliter. Achten Sie auf gleiche Temperaturen von Basisölen und Lauge und auf ein langsames Abkühlen der Seifenrohmasse. Und vergessen Sie nicht, durch Fehler lernt man!

Pflanzliche Waschmittel

Bestimmte Pflanzen können als Waschmittelersatz dienen, wenn sie Saponine enthalten. Diese natürlichen Pflanzenbestandteile bieten uns eine biologische und kostengünstige Waschalternative zu Putzmitteln aus dem Handel.

Nach 14 Jahren in meiner Seifensieder-Werkstatt erfuhr ich während meiner Ausbildung zum Heilkräutercoach und zur Kräuterpädagogin, dass einige Pflanzen Saponine enthalten. Diese sekundären Pflanzeninhaltsstoffe dienen der Pflanze in erster Linie als Fraßschutz. Das Wort »sapo« kommt aus dem Lateinischen und bedeutet Seife. Saponine haben eine die Oberflächenspannung vermindernde Wirkung und ergeben beim Schütteln mit Wasser Schaum. Die Faszination meinerseits war so groß, dass das Thema meiner Diplomarbeit »Grüne Waschkraft – Pflanzenschaum« wurde.

Meine Recherche führte mich in die Zeit vor Flüssigseife, Waschpulver, Haarsham-

Die Haushaltsseife diente als Waschmittel.

Der immergrüne Efeu enthält bis zu 6 % Saponine und steht ganzjährig zur Verfügung.

poo und Putzmittel. Bis in die frühen 1960er-Jahre gab es für dies alles nur ein Produkt – die Haushaltsseife. Mit ihr wurden der Boden und die Wäsche gewaschen, die Fenster geputzt und die eigene Haut gereinigt. Die Haushaltsseife war rasch und biologisch abbaubar und in Papier verpackt im Handel erhältlich. Verglichen mit der Vielzahl der heute am Markt erhältlichen Körperreinigungsmittel und Putzmittel – alle einzeln in Plastik verpackt – machte die Haushaltsseife unserer Umwelt wesentlich weniger zu schaffen.

Und bereits vor der Seife gab es Reinigungsmittel – die sogenannten Waschlaugen. Sie wurden aus Pflanzen mit hohem Saponingehalt gewonnen. Für die Herstellung dieser Waschlaugen standen zwei Pflanzen im Vordergrund, die hier kurz vorgestellt werden.

Efeu
Hedera helix

Dieser immergrüne Kletterkünstler ist wohl jedem bekannt. »Hedera« leitet sich aus dem Griechischen ab und bezeichnet das Festsitzen der Wurzel, »helix« steht für winden und herumdrehen. Der Efeu ist in Europa bis in die mittleren Gebirgslagen heimisch und bevorzugt als Standort Wälder, Augehölze, Ruinen und Steinbrüche. Im Volksmund wird er auch Wintergrün, Mauerwurz oder Ewigheu genannt.

Die Blätter des Efeus enthalten bis zu 6 % Triterpensaponine, Kaffeesäure, ätherische Öle, Flavonoide, Falcarinol, Jod und Vitamine.

Efeusaponine besitzen bakteriostatische und pilzhemmende Eigenschaften und

Zerkleinerte Efeublätter in einem Leinensäckchen dienen als natürliches Waschmittel.

finden ihren Einsatz bei Husten. Durch den Kontakt mit frischen Efeublättern kann es zu Hautreizungen kommen, verantwortlich dafür ist der Inhaltsstoff Falcarinol.

Efeu wirkt schleimlösend, krampflösend, auswurffördernd, harntreibend und bei Hautkontakt hautreizend.

Efeu als Waschmittel

10–15 große Efeublätter grob schneiden und in ein fest zugeknotetes Leinensäckchen (oder in eine Socke) geben und in die Waschtrommel legen. Etwas Essig ins Weichspülfach geben und die Wäsche wie gewohnt bei 40–60 °C waschen. Essig ist ein natürlicher Weichspüler und Entkalker. Mit ätherischen Ölen kann die Wäsche zusätzlich beduftet werden.

Rosskastanie
Aesculus hippocastanum

Die stattliche und wunderschöne Rosskastanie ist aus unseren Parkanlagen und Alleen kaum wegzudenken. Sie gehört zur Familie der Seifenbaumgewächse und kann bis zu 300 Jahre alt werden. Der Name »hippocastanum« stammt aus dem Griechischen und setzt sich aus den Wörtern »hippos« – das Pferd und »castanon« – die Kastanie zusammen. Die Samen der Rosskastanie wurden in der Antike an Pferde verfüttert, wenn diese unter Atemwegserkrankungen litten. Ursprünglich beheimatet im Balkan, wurde die Rosskastanie durch den Versand der Samen in ganz Europa verbreitet.

Im Volksmund heißt die Rosskastanie auch Pferdekastanie, Gichtbaum oder Wilde Kastanie.

Zu ihren Inhaltsstoffen gehören Saponine (Aescin), Bitterstoffe, Gerbstoffe, Flavonoide, Kampferol, Vitamin B, Zucker, Stärke und fettes Öl.

Rosskastanien wirken entzündungshemmend, venenstärkend und schleimlösend. Sie werden klassischerweise bei Krampfadern, chronischer Veneninsuffizienz und Beinschwellungen eingesetzt.

Die Rosskastanie als Waschmittel

Im Herbst lassen sich Rosskastanien vielerorts sammeln und in Form eines Mehls lagern (siehe Rezept Rosskastanienseife Seite 120). Die Samen lassen sich aber auch frisch verwenden. Dafür die gesammelten Kastanien (5–10 Stück) zerkleinern (klein schneiden oder in einem Säckchen mit einem Hammer zerkleinern). Mit etwa 400 ml Wasser aufgießen und gut verrühren oder kurz mit dem Stabmixer pürieren. Die Waschlösung mindestens eine Stunde, am besten aber über Nacht ziehen lassen. Dann abseihen und die Flüssigkeit ins Waschmittelfach leeren. Essig als Weichspüler und Entkalker hinzufügen. Mit ätherischen Ölen kann die Wäsche zusätzlich beduftet werden.

Wer mehr über das Waschen mit der Rosskastanie und deren Verwendungsmöglichkeiten wissen möchte, dem empfehle ich das Buch »Naturwaschmittel – Rosskastanie« von Gabriela Nedoma, erschienen im Aesculus Verlag.

Die Samen der Rosskastanie enthalten 10–15 % Saponine.

Glossar

ÄTZNATRON

Im Handel ist Ätznatron als Natriumhydroxid – NaOH – und als kaustisches Soda bekannt. Es wird als Gefahrenstoff luftdicht in Plättchen oder kleinen Kugeln im Handel angeboten. Es wirkt hochgradig ätzend und schleimhautreizend, daher ist es unerlässlich, mit Schutzkleidung, Handschuhen und Mundschutz zu arbeiten. Natriumhydroxid zählt zu den stärksten Basen und löst sich im Wasser unter großer Wärmeentwicklung. Dabei entstehen kurzfristig giftige Dämpfe.

ÄTHERISCHE ÖLE

Leicht flüchtige Aroma- und Duftstoffe, die durch Wasserdampfdestillation gewonnen werden. Sie sind schwer wasserlöslich, meist farblos und bieten viele verschiedene Einsatzmöglichkeiten.

FARBZUSÄTZE

Zur kreativen Gestaltung von Seifen bieten sich natürliche Farbzusätze an. Sie färben unsere Seife, ohne mit bedenklichen Inhaltsstoffen die Haut zu belasten. Für alle, die es bunt mögen, sind im Handel aber auch kräftige Kosmetikfarben erhältlich.

FETTANSATZ

Öle und Fette für die Seifenherstellung bilden den Fettansatz. Bei ihrer Auswahl wird auf Qualität und die jeweiligen Eigenschaften der Öle und Fette, die später eine gute handgemachte Seife ausmachen, geachtet.

FETTE

Man spricht von Fetten, wenn sie bei Raumtemperatur fest sind. Sie bestehen, anders als die flüssigen Öle, meist aus gesättigten Fettsäuren.

GELPHASE

Die Gelphase bezeichnet die Wärme, die bei der chemischen Reaktion der Verseifung entsteht. Ist der Seifenleim in die Form gegossen und gut isoliert, lässt sich beobachten wie – von der Mitte der Form ausgehend – der Seifenleim heiß und wieder transparent wird. Zum Rand hin ist der Seifenleim optisch schon fest und undurchsichtig.

HEISSVERFAHREN

Wie beim Kaltverfahren werden Lauge und Fette miteinander verrührt. Nach dem Andicken wird jedoch zusätzlich Wärme zugeführt. Dies kann entweder auf dem Herd oder im Ofen geschehen.

KALTVERFAHREN

Ein Verfahren, bei dem Seife bei relativ niedrigen Temperaturen (36–54 °C) hergestellt wird. Fette und Öle (Fettansatz) werden mit der Lauge zu einer chemischen Reaktion gebracht. Abgesehen vom Erwärmen des Fettansatzes wird keine zusätzliche Wärmezufuhr angewendet.

LAGERUNG

Wenn unsere Seife die Reifephase beendet hat, können wir sie lagern. Natürliche

Seifen lagern am besten kühl, dunkel und trocken. Seifenstücke können auch in natürlichen Materialien verpackt werden.

LAUGE

Unter einer Lauge oder einer alkalischen Lösung versteht man in Wasser gelöstes Natriumhydroxid (Ätznatron). Sie wirkt ätzend und sollte immer nur unter entsprechenden Vorsichtsmaßnahmen hergestellt werden.

MARMORIEREN

Eine kreative Gestaltungstechnik beim Seifensieden. Beim Marmorieren wird mit mindestens zwei Farben gearbeitet, die zu einem Farbspiel ineinander vermengt werden.

ÖLE

Als Öle bezeichnet man Flüssigkeiten, die sich nicht mit Wasser mischen lassen. Anders als Fette sind Öle bei Raumtemperatur flüssig. Dies liegt vor allem an ihrem hohen Anteil an ungesättigten Fettsäuren.

REIFEPHASE

Nach dem Entformen der Seife beginnt ihre Reifephase. In dieser Zeit reduziert sich der hohe alkalische pH-Wert in einen milden und hautfreundlicheren Wert. Die Reifephase dauert 4–6 Wochen.

PH-WERT

Unter dem pH-Wert versteht man das Maß für die basischen oder sauren Eigenschaften in wässrigen Lösungen.

RÜCKFETTUNG

Bei einer Seife spricht man von Rückfettung, wenn die notwendige Menge an Ätznatron für die Laugenherstellung um 5–10 % reduziert wird. Dadurch bleiben 5–10 % pflegende Öle und Fette in der Seife übrig, die nicht verseifen. Sie sorgen dafür, dass unsere Haut den Waschvorgang ohne auszutrocknen übersteht.

SAPONINE

Diese natürlichen, pflanzlichen Seifenstoffe haben reinigende Eigenschaften und eine die Oberflächenspannung vermindernde Wirkung. Für die Pflanze fungieren sie als Fraßschutz.

SEIFENLEIM

Wenn die Basisfette und Öle mit der Lauge vermengt sind, spricht man von Seifenleim.

SPURBILDUNG

Unter Spurbildung versteht man den Moment, wenn die Rohseife ihre Konsistenz ändert. Zunächst ist der Fettansatz noch transparent, durch Beigabe der Lauge und ständiges Rühren wird die Rohseife zunehmend fester. Die Konsistenz ähnelt einer sämigen Suppe, beim Hochziehen des Rührwerks verbleiben deutlich erkennbare Spuren auf der Oberfläche des Seifenleims.

VERSEIFUNGSTABELLE

Jedes Öl hat eine eigene Verseifungszahl, die mit der Menge des gewünschten Öles multipliziert wird, um die notwendige Menge an Natriumhydroxid zu errechnen. Dieses wird dann im Wasser gelöst. Eine große Auswahl an Tabellen mit Verseifungszahlen pflanzlicher und tierischer Öle und Fette sind auf Seite 61 zu finden.

Zutatenübersicht mit Bezugsquellen

Zutat	Verwendung	Bezugsquelle	Information	Rezepturen
ätherische Öle	ätherische Öle	Biomarkt, Reformhaus, Apotheke, Webshop	Seite 36–41	Seite 72–133
Ätznatron	Basiszutat	Apotheke, Reformhaus, Webshop	Seite 28	Seite 72–133
Asche	weitere Zutaten	selbst herstellen, Webshop		Seite 83
Bienenwachs	Basisöle, Fette und Wachse	Imker, Apotheke, Webshop	Seite 30	Seite 72, 80, 88, 92, 99, 107, 108, 111, 112, 115, 116, 119, 125, 129, 130
Bimsstein	weitere Zutaten	Webshop		Seite 130
Birkenextrakt	weitere Zutaten	Apotheke, Webshop		Seite 115
Blattgold	weitere Zutaten	Bastelbedarf, Webshop	Seite 63	Seite 99
Blüten	weitere Zutaten	Bastelbedarf, Möbelhaus, Webshop		Seite 100
Distelöl	Basisöle, Fette und Wachse	gut sortierte Supermärkte, Biomarkt, Reformhaus, Webshop	Seite 30	Seite 83, 87, 100, 111, 125, 126
Erdnussöl	Basisöle, Fette und Wachse	gut sortierte Supermärkte, Biomarkt, Reformhaus, Webshop	Seite 33	Seite 91, 95, 96, 120, 133
Gewürze	Farbzusätze	Supermarkt, Biomarkt, Reformhaus, Webshop	Seite 42	Seite 76, 103, 125, 126, 129
Hanföl	Basisöle, Fette und Wachse	gut sortierte Supermärkte, Biomarkt, Reformhaus, Webshop	Seite 33	Seite 80
Heilkräuter	weitere Zutaten	Apotheke, Webshop	Seite 46	Seite 76, 80, 88, 92, 96, 103, 112, 116
Heilschlamm	weitere Zutaten	Apotheke, Reformhaus, Webshop		Seite 99
Honig	weitere Zutaten	Imker, Supermarkt, Biomarkt, Reformhaus, Webshop	Seite 46	Seite 108, 126
Indigo	Farbzusätze	Apotheke, Webshop	Seite 45	Seite 75
Jojobaöl	Basisöle, Fette und Wachse	Biomarkt, Reformhaus, Apotheke, Webshop	Seite 33	Seite 104, 116
Kaffee	weitere Zutaten	Supermarkt, Biomarkt, Reformhaus, Webshop		Seite 111
Kakaobutter	Basisöle, Fette und Wachse	Biomarkt, Reformhaus, Webshop	Seite 33	Seite 75, 76, 79, 84, 91, 95, 96, 103, 120, 133
Klettenwurzel	weitere Zutaten	Apotheke, Webshop		Seite 119

Zutat	Verwendung	Bezugsquelle	Information	Rezepturen
Kohle	Farbzusätze	Apotheke, Reformhaus, Webshop	Seite 45	Seite 83, 84, 125
Kokosfett	Basisöle, Fette und Wachse	Biomarkt, Reformhaus, Webshop	Seite 33	Seite 72–133
Kokosmilch	weitere Zutaten	Supermarkt, Biomarkt, Reformhaus, Webshop		Seite 95
Kokosraspel	weitere Zutaten	Supermarkt, Biomarkt, Reformhaus, Webshop		Seite 95
Lavaerde	weitere Zutaten	Webshop		Seite 87, 91, 120
Mangobutter	Basisöle, Fette und Wachse	Webshop		Seite 83, 87, 100, 126
Mohnöl	weitere Zutaten	gut sortierter Biomarkt, Reformhaus, Apotheke, Webshop		Seite 133
Olivenöl	Basisöle, Fette und Wachse	Supermarkt, Biomarkt, Reformhaus, Webshop	Seite 34	Seite 72, 80, 88, 92, 99, 104, 107, 108, 112, 115, 116, 129
Palmöl, Palmkernfett	Basisöle, Fette und Wachse	gut sortierte Supermärkte, Biomarkt, Reformhaus, Webshop	Seite 34	Seite 75, 76, 79, 84, 88, 91, 92, 95, 96, 103, 107, 112, 115, 116, 119, 120, 129, 130, 133
Rapsöl	Basisöle, Fette und Wachse	Supermarkt, Biomarkt, Reformhaus, Webshop		Seite 83, 87, 100, 111, 125, 126
Reiskeimöl	Basisöle, Fette und Wachse	gut sortierte Supermärkte, Biomarkt, Reformhaus, Webshop	Seite 34	Seite 125
Rizinusöl	Basisöle, Fette und Wachse	Apotheke, Webshop	Seite 35	Seite 112, 115, 116, 119
Salz	weitere Zutaten	Supermarkt, Biomarkt, Reformhaus, Webshop	Seite 49	Seite 72
Schokolade	weitere Zutaten	Supermarkt, Biomarkt, Reformhaus, Webshop	Seite 49	Seite 87
Sheabutter	Basisöle, Fette und Wachse	Apotheke, Webshop	Seite 35	Seite 75, 107
Sonnenblumenöl	Basisöle, Fette und Wachse	Supermarkt, Biomarkt, Reformhaus, Webshop	Seite 35	Seite 75, 76, 79, 84, 91, 95, 96, 103, 112, 115, 116, 119, 120 133
Spirulina	Farbzusätze	Apotheke, Reformhaus, Webshop	Seite 45	Seite 88, 92
Tonminerale	Farbzusätze	Apotheke, Reformhaus, Webshop	Seite 44	Seite 72, 76, 80, 84, 96, 112, 119

Register

Wichtiger Hinweis

Alle Ratschläge und Rezepte in diesem Werk wurden von der Autorin sorgfältig recherchiert und auf den neuesten Stand gebracht sowie vom Verlag geprüft. Für die Richtigkeit der Angaben kann jedoch keine Haftung übernommen werden. Sollten Sie nach der Anwendung einer selbst gesiedeten Seife Unverträglichkeitsreaktionen oder allergische Symptome bemerken, sollten Sie die Anwendung umgehend einstellen und einen Arzt aufsuchen. Die Fertigung der Seifen nach in diesem Werk veröffentlichten Anleitungen erfolgt auf eigene Gefahr. Eine Haftung für Sach- und/oder Personenschäden ist ausgeschlossen.

Ätznatron (NaHO) ist ein Gefahrenstoff und darf keinesfalls ohne Sicherheitsvorkehrungen und Schutzkleidung verwendet werden. Eine Haftung für durch die Verwendung von Ätznatron entstandene Sach- und/oder Personenschäden ist ausgeschlossen.

Die Autorin

Barbara Freyberger lebt mit ihren zwei Töchtern in Niederösterreich. Viele Jahre war sie in der Mode- und Werbebranche als selbstständige Make-up- und Hair-Stylistin tätig und lebte in Madrid, London und Südafrika. Auf einer ihrer vielen Reisen entdeckte sie erstmals »handgesiedete Naturseife«. Aus Liebe zur natürlichen Hautpflege und zum Handwerk gründete sie vor 17 Jahren die Kreativwerkstatt »seifensieder«. Es folgten weitere Ausbildungen zum Heilkräutercoach und zur Diplom-Kräuterpädagogin. Somit ist es selbstverständlich, dass alle ihre Produkte biozertifiziert sind. Barbara Freyberger ist Referentin der GEA und Vital Akademie, unterrichtet die Kunst des Seifensiedens und gibt Kurse in Kräuterkunde.

Die Fotografin

Sabine Reichlmayer wurde 1977 in Wien geboren und lebt jetzt in Niederösterreich. Im (normalen) Leben ist sie pharmazeutisch-kaufmännische Assistentin und seit vielen Jahren im Rettungswesen tätig. Ihre fotografische Ausbildung an der Prager Fotoschule begann sie 2010. 2014 wagte sie den Schritt in die Selbstständigkeit, indem sie ihre Leidenschaft zum Beruf machte. Mit ihren Fotos hebt sie den persönlichen Stil jeder Situation hervor und verleiht ihnen einen besonderen Charakter.

Impressum

Produktmanagement: Anna Geistbeck
Textredaktion: Anja Hallam
Korrektur: Susanne Langer
Layout und Satz: Silke Schüler
Umschlaggestaltung: *zeichenpool München, unter Verwendung von Fotos von Sabine Reichlmayer
Repro: LUDWIG:media, Zell am See
Herstellung: Barbara Uhlig
Bilder: Sabine Reichlmayer, mit Ausnahme von Seite 142 (Shutterstock, Alexa Beauty)
Text: Barbara Freyberger, www.seifensieder.at

Printed in Poland by CGS Printing

Unser komplettes Programm finden Sie unter

www.christian-verlag.de

Die Deutsche Nationalbibliothek verzeichnet diese Publikation in der Deutschen Nationalbibliografie; detaillierte bibliografische Daten sind im Internet über http://dnb.d-nb.de abrufbar.

5. Auflage 2025

ISBN 978-3-95961-111-4

★★★★★

Sind Sie mit diesem Titel zufrieden? Dann würden wir uns über Ihre Weiterempfehlung freuen.
Erzählen Sie es im Freundeskreis, berichten Sie Ihrem Buchhändler oder bewerten Sie bei Onlinekauf. Und wenn Sie Kritik, Korrekturen, Aktualisierungen haben, freuen wir uns über Ihre Nachricht an Christian Verlag,
Postfach 40 02 09
D-80702 München oder per E-Mail
an lektorat@verlagshaus.de

Webshops

ROHSTOFFE UND ZUBEHÖR

www.manske-shop.com
www.kosmetikmacherei.at
www.sansavon.com
www.behawe.com
www.cosmopura.de
www.dragonspice.de
www.alexmo-cosmetics.de

ÄTHERISCHE ÖLE

www.primaveralife.com
www.feeling.at
www.sonnentor.com
www.tiroler-kraeuterhof.com